有賀喜左衞門

社会関係における日本的性格

熊谷苑子 著

東信堂

はしがき

本書の副題は「社会関係における日本的性格」である。この副題は、有賀喜左衛門が私たちに遺した研究成果の総称という意味で用いている。どのようにして研究成果が積み上げられ、どのような意味で私たちにとって資産といえるのか。あらためて見なおしたい。それが本書の目的である。

有賀喜左衛門［一八九七（明治三〇）年〜一九七九（昭和五四）年］にとって、昭和期のほぼ五〇年が研究活動の年月であった。研究の焦点は日本の農村生活。主著『日本家族制度と小作制度―「農村社会の研究」改訂版―』の出版は、一九四三（昭和一八）年。それまで十年間の研究の到達点であった。

全く新しい研究視点が設定された。既成の研究枠組みにとらわれない視点への転換であった。地主小作関係を論ずるにあたって、当時、当然とされていたのは、これを経済的形態とし、対立の枠組みでとらえる経済学者たちの議論であった。有賀はそれを超えて、地主小作関係を社会的形態と規定して論じた。地主小作の関係を、双方の存在が双方の生存にとって必須であるとして、相互関係の枠組みでとらえたのである。

研究手法も独自であった。既成理論のみに拠らない、実証的分析である。たしかに、既成の研究の影響は受けている。研究テーマの設定時には、柳田国男が大きな存在だった。研究データに関する考察においてはイギリス社会人類学やフランス社会学の影響を受けている。しかし、理論構築につながる事例研究においては、有賀独自の類型設定と比較の手法を用いていた。既成の理論に依存しない、日本社会の事例の固有性に語らせる分析であった。

そのような分析を通して、有賀は、地主と小作の間の上下関係を差異と把握した。そして、差異を規定するのは日本社会における社会関係の性格であり、それを民族的性格とした。オヤ・コ関係は、民族的性格の象徴的な表現なのであった。有賀は、民族的性格は不変であると同時に、農村だけではなく、日本社会全体に遍在すると論じた。

これは、昭和期の日本社会に視点をおいて分析を続けた有賀の研究成果である。筆者なりの社会学的概念を用いれば(現代の社会学用語を使えば)、民族的性格に関する有賀の論述は、命題ということができる。この命題は、私たちが日本社会の来し方を振り返って論ずるとき、有効な道具となるであろう。一方、民族的性格は有賀の想定のように不変・遍在なのかどうか。現代社会を論ずる際の有効性の測定は、私たちに委ねられているといえよう。

有賀喜左衞門の八二年の人生は、前半(四〇代まで)と後半(五〇代以降)で、生活の基盤が異なった。第二次世界大戦の敗戦を境にして異なったのである。前半は、生まれた村の地主であり、併せて研究活動を行った。因みに、主著は四六歳の時、前半に刊行された。後半では、農地所有再配分事業(農地改革)により、地主という基盤は失った。はじめて、大学教員として雇用された。東京教育大学に八年、慶應義塾大学で八年。教育活動に従事しながら、独自の研究を展開した。学会において熱心に活動し、重要な共同研究をリードし、学会長を務めた。慶應義塾大学を定年退職したあとは、日本女子大学の学長を八年間務めたのである。

目次／有賀喜左衛門——社会関係における日本的性格

はしがき …… i

第一章　有賀喜左衛門の生涯 …… 3

第一節　家の当主 …… 4

第二節　スカラーへのみち …… 5

⑴選　択　5

⑵起　点　8

第三節　結　婚 …… 10

第四節　研究対象・研究手法 …… 11

⑴民俗学から社会学へ　11

⑵石　神　15

⑶主著の刊行　17

第五節　農地改革 …… 19

(1)農地所有再分配事業　19
(2)嵐　20
第六節　大学教員になる……21
(1)東京教育大学　21
(2)慶應義塾大学　24
第七節　学　会……26
第八節　学　長——日本女子大学——……29
第九節　家の解体……35
注　36

第二章　日本社会の社会関係……39

第一節　本章の目的……40
第二節　社会学的洞察：上下結合を社会的形態としてみる……42
(1)研究の視点——地主小作関係を社会的形態として把握——　42
(2)賦役に着目　44

第三節 基盤となった事例：大家族乃至同族団体のモノグラフ——石神・斎藤家——47
(1)石神との遭遇 47
(2)大家族斎藤家の経営と名子 49
(3)給付関係・上下関係 52
(4)オオヤと分家名子——賦役と小作料の併存する小作形態—— 57
第四節 小作慣行に関する仮説：普通小作と同族的身分関係の持続 ……………57
(1)隷属小作と普通小作の併存 58
(2)隷属小作と普通小作の社会的歴史的関係 60
(3)普通小作における同族的身分関係の持続 64
第五節 日本社会の社会関係に関する命題：社会関係における日本的性格 ……65
——不変の民族的性格——
(1)社会学的観点を明言 65
(2)家族制度の変化と小作制度の形成 66
(3)民族的性格 68
(4)同族団体の外部に対する結合 71
(5)二〇年後の修正 72
注 75

第三章　日本社会の生活組織……79
第一節　本章の目的……80
第二節　生活単位……83
(1)家　83
(2)日本では家が家族　90
(3)家は変化し持続する――斎藤家の事例――　101
第三節　生活維持……108
(1)全体的相互給付関係　108
(2)生活規範――公――　123
注　130
第四章　研究方法……133
第一節　研究の成果……134
第二節　研究方法――1 実証――……134
(1)日本社会の実証研究　135

(2)実証の視座　136
第三節　研究方法——2研究枠組——……139
(1)研究の主軸と民俗学　139
(2)機能主義的考察と社会学　141
第四節　研究方法——3データ分析—類型と比較—……143
(1)類型と比較による分析の実例(既述の中から)　144
(2)類型設定と比較の基礎的方法　146
(3)事例選定の重要性　148
注　150
引用・参考文献……151
有賀喜左衞門業績一覧(著作、社会的な活動)……156
有賀喜左衞門年表(社会の動き、本人の年譜)……160
あとがき……165
人名・地名索引……168
事項索引……170

凡例の表記方法　著作集からの引用略記

以下の本文に於ける著作集からの引用は左記のとおりです。

(1)　ローマ数字は著作集の巻号を示します。

Ⅰ　『有賀喜左衛門著作集Ⅰ　日本家族制度と小作制度(上)』(未来社、一九六六年)
Ⅱ　『有賀喜左衛門著作集Ⅱ　日本家族制度と小作制度(下)』(未来社、一九六六年)
Ⅲ　『有賀喜左衛門著作集Ⅲ　大家族制度と名子制度―南部二戸郡石神村における―』(未来社、一九六七年)
Ⅳ　『有賀喜左衛門著作集Ⅳ　封建遺制と近代化』(未来社、一九六七年)
Ⅴ　『有賀喜左衛門著作集Ⅴ　村の生活組織』(未来社、一九六八年)
Ⅵ　『有賀喜左衛門著作集Ⅵ　婚姻・労働・若者』(未来社、一九六八年)
Ⅶ　『有賀喜左衛門著作集Ⅶ　社会史の諸問題』(未来社、一九六九年)
Ⅷ　『有賀喜左衛門著作集Ⅷ　民俗学・社会学方法論』(未来社、一九六九年)
Ⅸ　『有賀喜左衛門著作集Ⅸ　家と親分子分』(未来社、一九七〇年)
Ⅹ　『有賀喜左衛門著作集Ⅹ　同族と村落』(未来社、一九七一年)
Ⅺ　『有賀喜左衛門著作集Ⅺ　家の歴史・その他』(未来社、一九七一年)
Ⅻ　『有賀喜左衛門著作集Ⅻ　文明・文化・文学』(未来社、二〇〇一年　第二版として追加)
別巻　『有賀喜左衛門著作集別巻　有賀喜左衛門研究』(未来社、二〇一一年　第二版として追加)

(2)　算用数字は、著作集の該当巻に於ける引用箇所の頁を示します。

(3)　従って、例えば、四頁にある(Ⅹ、二六二)は、『有賀喜左衛門著作集Ⅹ　同族と村落』の二六二頁からの引用であることを示します。

(4)　オーヤ、オヤ、オオヤ、大家又コ、コカタの区別は同じ意味で使用している。

(5)　／についてはないし、もしくはの意味で使用している。

以上

有賀喜左衞門

——社会関係における日本的性格

第一章　有賀喜左衛門の生涯

第一節　家の当主

一八九七（明治三〇）年一月、有賀喜左衛門は、伊那谷の最北端、長野県上伊那郡朝日村平出集落の有賀家に、六世喜左衛門の長男として生まれた。幼名を道夫といった。

朝日村は山村であった。その中で、平出集落（現在は辰野町にふくまれる）は、岡谷街道沿いの大きな部落で（X、二六二）、馬車・人力車の時代には、天竜川東の交通の中心であった。宿場であり、歳末には大きな市がたつ商業的中心でもあった。「それが、明治三九年の中央線開通以降宿場はさびれたので、純農村に転換せざるを得なかった」（昭和二三年「炉辺見聞」X所収）同郷の後輩中村吉治は「…商店といえども多少の農業は行っているのが普通だった。…景観的には町で、実際には村だ」（中村一九八八）と表現している。

有賀家は、上伊那郡でもほぼトップ一〇％に入る所有地を持つ地主であり、道夫が生まれた時期にはそのほとんどを小作に出していた。「旧藩時代には問屋をしていた。明治初年には副戸長を勤め、かたわら当時としては手広く綿業に従事していた」（V、二三九）[1]。

道夫の父、六世喜左衛門は、一時は東京へ出て法律を学ぼうとしたが、思いとどまったという。

歴史書、文学書を多く所蔵しており、写真、自転車、猟銃、書画、茶の湯などの幅広い趣味の持ち主であった。青年期には集落の文化的活動のリーダーとして活躍した。壮年期の、明治二〇〜三〇年代には、政治・経済の諸側面において地域を代表し統率する人物となった。平出銀行の設置にあたっては、申請の中心人物となり、発足後は取締役になった[2]。

しかし、六世喜左衛門は、一九〇六(明治三九)年に三七歳で亡くなった。道夫は七世喜左衛門を襲名した。九歳で、地主経営の責任を負う立場にたつことになったのである[3]。生母は、道夫が二歳の時に亡くなった。四歳の時に義母が迎えられている。道夫の養育に「精魂を傾けた」[4]祖母は、一九一三(大正二)年、彼が一六歳の時に亡くなった。

第二節　スカラーへのみち

(1)選　択

県立諏訪中学に一九〇九(明治四二)年、一二歳で入学し、一九一四(大正三)年に卒業。汽車通学には時間がかかり過ぎ、五年間寄宿舎生活を送った。文武両道のエリートへの関心を持つ[5]。一方、武道教育には疑問を持ち、俳句、小説、絵画などへの関心を深めてもいた。徳富蘆花の『みみずのたわごと』を読み、トルストイを知ったのは四年生、一五歳のときであった。文武両道のエリートへの関心の背景には地主七世喜左衛門としての自己認識がうかがえる。文学への関心は、父六世喜左衛門が残した文化的活動の足跡に連なってのことなのではなかろうか。

諏訪中学卒業後は上京して受験準備をし、一九一五(大正四)年、一八歳のときに仙台の第二高等学校一部乙類(独法科)に入学した。法律を学ぶという選択は、地主としての人生を想定したことに拠ると考えられよう。同級生に渋沢敬三[6]、土屋喬雄(日本経済史)がいた。二学年後輩に岡正雄(文化人類学)がいた。

一九一八(大正七)年七月、第二高等学校卒業。九月に渋沢と土屋は東京帝国大学経済学部へ、有賀は京都帝国大学法学部へ進学した。法学部への進学は、高等学校進学の際の選択の延長線上にあったのであろう。二一歳だった。

しかし、京都帝国大学法学部には一年間在籍しただけで退学。一九一九(大正八)年九月には、東京帝国大学文学部に入学した。ドイツ文学科に入学するが、まもなく美学美術史学科に転学科。この転換は、地主経営の当主としての自己認識と文学や美術が象徴する自己表現への関心という二つの軸が、からみあってのことだと考えられる。背景として、この間の、二つのエポックメイキングな事柄を挙げることができる。一つは、一九一八(大正七)年二一歳の正月、平出に帰った際、小学校からの同級生が持参した雑誌『白樺』を知ったことである。もう一つは、一九一九（大正八）年五月、白樺派の中心人物の一人である柳宗悦が読売新聞に連載した「朝鮮人を想ふ」を読んで感銘を受けたことである。「朝鮮人を想ふ」は、三・一独立運動に関連して日本政府の朝鮮政策に抗議した内容であった。東京帝国大学入学の九月には、信州白樺派の集会で柳宗悦の講演を聴き、同人誌の創刊号に詩を発表し（「生きやうではないか」有賀・中野一九八〇所収）、その後も毎号文章を寄せている。

当時のことを有賀は「私は当時、…ギリシャ哲学や仏教々学に興味を持ち、ギリシャ美術や仏教美術をやっていました。柳宗悦先生の所へよく行き、朝鮮のことをいろいろ教えられたし…」と述べている（今井信雄宛　一九六九年の手紙　『信州白樺六七号』所収）。マルキシズム、アナーキズムことにクロポトキンを読み[7]、同時に民族学への関心を深めていった。仙台の二高で後輩だった岡正雄が東京帝国大学に進学して民族学の研究をめざしており、お互いの下宿を行き来した。

卒業論文のテーマを朝鮮美術とすることに関して、指導教授がすんなりと認めたのではなかったらしい（北川編二〇〇〇、一〇）。二四歳になった一九二一（大正一〇）年の夏、卒業論文作成準備のため朝鮮を二週間旅行し、途中、大腸カタルで入院してしまう。滞在を通して、植民地統治の現実を見、人々の生活と文化にふれ、美術の根底に生活があるという視野を得たのはこの時である。

「新羅の仏教美術―慶州石窟庵を中心として―」という卒業論文を提出し、一九二三(大正一二)年七月に東京帝国大学文学部美術史学科を卒業した。

⑵起　点

大学院に進学。二五歳。スカラーとしての人生の始まりである。以後、敗戦後の一九四六(昭和二一)年に、四九歳で大学の非常勤講師として就職するまで、有賀は研究職ないしは教育職として雇傭される職には就かなかった。有賀自身は、「戦前私は無職で勝手な勉強をしているにすぎなかった」(昭和二三年「炉辺見聞」X所収)と述べている。家の当主としての人生と研究者としての人生を併行させて生きたといえる。スカラーと形容するのはその故である。

有賀の義弟池上隆祐(次節参照)は、当主としての有賀を次のように形容した。「…いなかの親方百姓というのは、子分がありまして、若くても何でも非常に扱い方が違うんですね。ですから有賀は(平出の)家にいますときは人間が変わったくらい寡黙で、ふざけたことなんかしないできちんとしているんですな…」(「中野卓との対話　人・思想・学問」有賀・中野一九八〇)。

延期していた徴兵検査を受け甲種合格。一二月に入営したが病気の申請をし、許可され帰郷。翌一九二三(大正一二)年三月に再び召集を受けるが減食をして免除となった。「軍人にはなりたくなかった」（今井信雄宛　一九七五年の手紙　『信州白樺六七号』所収）。

減食のあいだに執筆したのが、戯曲「吹雪」（Ⅻ所収）と小論文「田舎劇について」（Ⅻ所収）である。小論文「田舎劇について」では農村の人々は自己の生活と文化を意識するためには、都会の芝居の模倣ではない、農村の言葉で演ずる演劇が必要だと論じた。その趣旨にのっとって書かれた戯曲が「吹雪」である。歳末の吹雪の日を舞台に小作の家族の困窮と、出奔しアナーキストになった次男の帰郷を巡っての親子、兄弟の家族関係に、娘と地主の息子の恋愛をからめている。当時の農村の社会構造と政治状況を家族関係に投影させたプロットは、解りやすいが、図式が透けてみえるともいえる。後年、有賀の後輩の一人（一九七五年の今井信雄宛の手紙、『信州白樺六七号』所収）はこの戯曲を「理念的」と評し、有賀もそれを認めて、自分の戯曲は「生きた人間が書けていなかった」と言っている。以後戯曲創作は行っていない。しかし、戯曲「吹雪」で示そうとした、農村の社会構造と家族というテーマは、スカラーとしての研究活動の起点となっていると考えられる。

第三節　結　婚

一九二四（大正一三）年六月に結婚。二七歳。妻となったのは、松本市の呉服卸商池上家の三女さだ。二一歳だった。池上家とのつながりは新しい人間関係を有賀にもたらした。「幸福な結婚」と村の後輩中村吉治は記述している（北川編二〇〇〇、一五三）。呉服卸商を営みながら正岡子規について造詣が深く文化人でもあった、長兄池上喜作に、亡き六世喜左衞門につながる存在をみたのかもしれない。『農村社会の研究―名子の賦役―』の序に、有賀は次のようにしるしている。

「…今年恰も亡父三三年忌に際会し、この小著が夭折した父母の供養となる因縁を喜びたい。又おほらかな心情や高邁なる気魄を以て私に無限の感化と愛情を垂れ給ふた妻の亡き両親の霊前にもこの書を捧げる。…」（I、一〇）。

さだの兄弟（喜作、芳次郎、鎌三、隆祐、広正）との交流は新しい視野をもたらした。真摯な交流の様子は後年の隆祐の言葉からもうがかえる。「…私が申しあげたいのはネエ、有賀の学問はいわゆる学者の学問じゃなかったということです。自分の全人格と全人生、全運命をぶつけてネエ、いわば捨身のものであった…」（有賀・中野一九八〇、二九一）。

有賀とさだ夫人の生活はおもに逗子の久木の家で営まれた。（一九二八年頃から居住）子どもはなかった。さだ夫人は一九七六(昭和五一)年に七三歳で亡くなったが、最後の数年は、自宅で有賀自身が介護した。そして一九七九(昭和五四)年の暮、有賀が亡くなった時、密葬は松本の池上家において行われた。最後の看取りは池上家の人々がなしたのである(有賀喜左衞門・岡正雄特集刊行委員会一九八八、一六〇)。

第四節　研究対象・研究手法

(1)民俗学から社会学へ

一九二四(大正一三)年から一九三三(昭和八)年、有賀が二七歳から三六歳までのほぼ一〇年間は研究の焦点を定め、研究手法を獲得していった時期である。柳田国男の民俗学への傾倒が日本社会に研究の焦点を定めることにつながり、イギリスの社会人類学やフランス社会学の吸収が研究手法の確立につながっていった。

結婚した年の暮に、岡正雄の案内で初めて柳田国男を訪れた。有賀は美術史研究家として日本、朝鮮、中国三カ国の仏教美術の比較というテーマを掲げていた。仏教美術の比較研究のためには三国の比較をしなければならないという課題に気づくが、それとても大きすぎるとして、まずは日本社会の性格の追究を研究課題としたわけである。研究の焦点を日本に収斂していくプロセスで柳田の民俗学を文献から吸収していたが、すでに柳田の知己を得ていた岡正雄の案内での訪問となった。

翌年、柳田の主宰する雑誌『民族』の編集委員の一人となり、言葉と基層の社会関係に関する論考（例「他所者のことなど」三の二　XI所収）を発表している。柳田の民俗学からは、日本社会の庶民の文化に視点をおく基礎的態度、民俗学調査項目の設定法などを学んだ。ここに「有賀のモノグラフィックな村落調査の淵源がある」（岩本二〇〇〇）といえ、有賀自身晩年になって「柳田の学問的影響は大きく今でも彼の傘の外に出きれないところがある」（有賀一九七六あとがき／XII、二二〇）と述べている。

しかし、その後、有賀は柳田の研究サークルから離れていった。「私が柳田から離れたことは若年の血気にはやったところもあったが、研究法の多少の違いもあって、私はもっと他流試合をしてみたかった」（同頁）と説明している。「研究法の多少の違い」というのは当時は相当の違和感であったろう。柳田には社会構造を分析に取り組む姿勢がみられないと考え、調査手法への不信が大きくなっていったのである。『民族』は一九二九（昭和四）年四月に休刊となった。柳田を除いた研究グループは雑誌『民俗学』を同年七月に発刊した。ここに寄せた「民俗学の本願」という論考で、有賀は、民俗学の目的は生活を正視し変化を分析することとし、資料収集は妥当かつ公正であるべきこと、文化現象をその形としてのみでなく生活の表象としてみるべきと論じた。また、「注文書」(「注文書」『民俗学』2—3、XI所収)という論考では資料収集は、借り物ではなく研究者自身が構築した枠組みにもとづいて研究者自身が集めることにより妥当性が得られるとして、暗に柳田のデータ蒐集法を批判している。これらは、柳田民俗学とは相対的に距離を置いた、有賀民俗学の確立とされる。

確立は、この時期、続いて発表された、イギリスの社会人類学と、フランス社会学の文献にふれ、その内容を吸収したことと無関係ではない。ニューギニア特にトロブリアンド諸島でのフィールドワークをもとに書かれたマリノフスキーの *Argonauts of the Western Pacific : an account of native enterprise and adventure in the archipelagoes of Melanesian New Guinea* が一九二二年に刊行された。同年、ラドクリフ＝ブラウンによる、ベンガル湾のアンダマン諸島で行った現地の狩猟採集民のフィールドワークに基づく *The Andaman Islanders: a study in social anthropology* が刊行されている。モースの *Essai sur le don*『贈与論』が *l'Année Sociologique* に発表されたのは一九二五年である[8]。マリノフスキーとラドクリフ＝ブラウンは岡正雄との交流の中で読み、モノグラフから理論を構築していく手法に目を開かされた。これらが後年の石神調査の参考になった(北川編二〇〇〇、二〇一一三)。デュルケームについては柳田のもとで知り合った田辺寿利の強い勧めで読みはじめ、モースの研究の吸収へとつながったのである。モースの全体的相互給付関係[9]というテーマは石神のモノグラフの推論において重要な位置を占め(北川編二〇〇〇、六七―六八)、有賀の研究枠組の核となっていった。

研究対象は日本の村落社会、研究手法は、当時は明示的には使われていないが、社会学という研究対象と研究手法の確立は、一九三三(昭和八)年、三六歳の時に発表した二つの論文「捨て子の話」(Ⅷ所収)と「名子の賦役―小作料の原義―」(Ⅷ所収)にみることができる。

『法律新聞』に連載した「捨子の話」では、近・現代社会では捨て子は家族の外に子どもを捨てる棄児を意味するが、家族が労働組織である伝統的社会においては拾われた先で労働力として位置づけられるので養子と相似した意味を持つと論じた。言葉の意味する社会関係を、基層にある生活と関連させ社会構造を視野にいれて論述しているのであり、大学卒業以来一〇年間の研究の広がりと深さが凝縮しているといえよう。内容は社会学そのものである。しかし、連載の際の肩書きは「新進の郷土研究家」とあった。

「名子の賦役―小作料の原義―」は上下二回に分けて『社会経済史学』に掲載された。この雑誌への掲載は、二高以来の友人である日本経済史の研究者土屋喬雄の推薦(別巻、二七)によるものである。この論文については次章で詳しくふれる予定であるが、小作料の原義は賦役であり、小作料を納めるという社会的表象の基層には地主と小作の間に存在してきたオヤとコの社会関係があるという、独自の推論が提示された。この論文は、大学卒業後一〇年間の研鑽の果実であり、この後の有賀の研究の飛躍台であり、方向性を示した。

⑵石　神

有賀の石神との出会いはアチックミューゼアムの研究活動の一環としてであった。まずアチックミューゼアムについてふれよう。

高等学校時代からの有賀の友人渋沢敬三は、大学卒業後は横浜正金銀行に入り、ロンドン支店などに勤務したのち、一九二五(大正一四)年に帰国、祖父栄一の築いた第一銀行に入行した。祖父栄一の相続人としての道を進まざるを得なかったが、敬三は中学時代までは生物学の研究をめざしており、高校・大学時代をとおして、生物学や地理学を研究する友人たちとの資料収集サークルを持ち、それにアチックミューゼアムソサエティと名付けていた。このグループの活動の展開として、帰国後すぐ、一九二五(大正一四)年に邸内にアチックミューゼアムを創設したのである。今回は研究員のいる常設の研究所である。研究活動の基本的資金は渋沢の提供に拠った[10]。

アチックミューゼアムの研究活動として、まず、民具の蒐集と研究が始まり、ついで、漁村資料など古文書の整理・研究と編纂、収集文献の索引編成、そして、数年後には総合的視野からの長期民族調査(例：新潟県三面)や「協同」研究旅行(例：鹿児島県十島村)が行われた。そのような協同研究の一つとして岩手県石神の調査が企画された。

桜田勝徳は次のように述べている。「なお、昭和九年には岩手県石神村の調査も始まった。この年七月敬三は二戸郡石神村を訪ね、大家族の斉藤家と名子制度に注目し、同年九月再度敬三は石神村を訪ねた。この時には敬三の二高時代からの学友有賀喜左衛門と、土屋喬雄に、その頃アチックの集会に出席していた今和次郎、早川孝太郎も同行した。…斉藤家を共同研究しようという目論見が出来ていたようである。…」。

石神は、岩手県北西部安比川の最上流域の山村であった。同じ山村でも有賀の生地である朝日村・平出とは立地が異なる。平出は山をぬっていく街道沿いにあったのに対して、石神は山の中の盆地に孤立していた。

そして、この調査地で、有賀は「名子の賦役―小作料の原義―」で提示した自己の推論を理論へと構築する事例に出会ったのである。三八歳だった。石神との出会いについて後年、有賀は次のように述べている。

「…はじめ渋沢敬三のすすめでこの共同調査に参加した時は、今日までの長い期間私の心を引く大きな魅力を持つ部落とは予想もしなかった。ところが昭和一〇年七月三一日に石神を訪れて以来、すでに三〇年の年月を経て、いまも深い関心を持ちつづけている。私の石神への傾倒は、渋沢敬三の意図とははなれて、私自身の生活そのものとなったといってもいいようだ。一つの小さな部落の三〇年の運命がなぜこのように私の心の底にひそんではなれないのであろうか。私はこの部落を通して日本の運命を見ていたのかも知れないし、私自身の運命を見ていたのかもしれない」(Ⅲ、一―二)。

有賀は一九四〇年秋に、石神を再訪している。斎藤家はこの時すでに漆器業は廃業し、大家族は解体後だった。その後、太平洋戦争・敗戦・農地改革を経て、一九五八(昭和三三)年、有賀は学生たちと石神を訪れ、二〇年後の石神を把握している。そして一九六六(昭和四一)年七月の資料調査が最後となった。最後の訪問時は六九歳であった。

⑶主著の刊行

アチックミューゼアムの調査隊の中で、有賀は大家族制度と名子制度の調査を担当した。一九三五(昭和一〇)年の七月から八月にかけて滞在し、農業と漆器業を営む大家族斎藤家を中心に調査を行った。経済史担当の土屋喬雄との共同であった。帰京後資料を整理するうちに再調査すべき項目に気づかされた。翌年一月、有賀は一〇〇項目以上の調査項目を携えて単独で再訪した。その後、重要なインフォーマントである当主斎藤善助との文通、また郷土史家佐藤源八の協力により、調査を続け、モノグラフを完成させたのである。

その報告書が、一九三九(昭和一四)年に刊行された、アチックミューゼアム彙報四三『南部二戸郡石神村に於ける大家族制度と名子制度』である。有賀は一九三七(昭和一二)年には原稿を完成していたが、共同研究者たちの担当分と合わせて村誌として報告すべく彼らの脱稿を待っていたという。しかし、脱稿をみなかったため、有賀単独での報告書となった(Ⅲ、三四—三五)。

そのため、報告書にさきだって一九三八(昭和一三)年には、『農村社会の研究—名子の賦役—』が上梓されている。「名子の賦役—小作料の原義—」で提示した推論を石神のデータをはじめ各地の事例を拡充組み込んで展開したのである。その後、及川宏などの指摘を受けて、さらに理論的に整序し、一九四三(昭和一八)年に主著『日本家族制度と小作制度—「農村社会の研究」改訂版—』の刊行をみるのである。ここに有賀の、農村の社会構造と家族というテーマでの日本社会研究は一つの到達点にいたったといえる。有賀四六歳。後年、主著に関して、有賀は次のように述べている。

「…本書は同族団の基本的性格を、農村における地主の小作慣行を対象にしてとらえることに目標があり、この方法によって当時主として経済的関係として捉えられた小作慣行の社会的意義は広汎に究明されると私は考えたのであり、これと関連させて日本の政治や経済の構造の基本的性格を明らかにすることができると見た」（一九六六年）（Ⅰ、一三）。

第五節　農地改革

⑴農地所有再分配事業

一九四五（昭和二〇）年敗戦。一九四七（昭和二二）年より一九五〇（昭和二五）年にかけて農地改革（＝農地解放、農地所有再分配事業）が実施された。地主の所有地を政府が買い上げ、小作は政府からの補助金を得て土地を購入するという事業である。業務の中核はそれぞれの村の農地委員会であった。朝日村では、一九四七年の三月からはじまり、一九五一年三月で終了している。農地委員会の構成は、地主三　自作二　小作五　と定められていた。解放の対象になる圃場一つ一つについて誰が購入するかという売却・購入の基本案は村内各地区の農地委員が作成し、農地委員会が決定して、県に報告した。売却・購入基本案の策定までには、地主の利害と小作の利害の対立、小作間では、どの圃場を誰が購入するかをめぐる対立が、大なり小なり、何処でも避けられなかった。

農地改革は有賀五〇歳～五二歳にかけてのことであった。

(2)嵐

農地改革の結果、有賀喜左衞門は、地主経営の責任を負うという位置を失った。それは小作人たちに対してのオヤとしての役割を失ったことを意味する。逗子在住が常態であったわけだが、平出には頻繁に戻り、小作人たちに対してのオヤとしての役割を果していた。小作の人たちの生活維持に責任を持つオヤとしての途を選択していたのである。

有賀は、農地改革をどのようにみていたのだろうか。自分のムラについてのコメントではないが、一九五一年に『社会学評論』に掲載されたエッセイの中には「下剋上の激しい動き」という表現がある(昭和二六年「選挙の実態」『社会学評論』5号／X所収)。

「…(貧弱なる生活水準を持つ狭い生活領域の中に相ついで生じた多くの家がその生活権を主張するために生活地盤の奪い合いをする)このような生活権の相奪は村の政治に基本的に影響していた。農地改革もこの基盤をうけついでいた。それは農地改革を通して表れた下刻上の激しい動きに表れている。これは地主に対する小作階層の攻勢に集中的に表れている…。」

一九五八年に、石神を再訪した際の、農地改革の過程を論述した内容からも、手がかりを得ることができる。農地改革の時期を「嵐」と形容し（Ⅲ、三）次のように述べている。「農業者は農地改革を中心として家の利害を相争った。私は農地改革で血みどろにされた日本人―私もその一人である―をみると、むしろなさけなくなるばかりである。それ以外にどんな生き方もできなかったことを思い、いとおしい感じに胸が痛む。戦場だけが日本人を血みどろにしたのではなかった」（Ⅲ、四二五）。第三章で述べる予定である、彼自身が構築してきた家の理論の枠組みで、解釈をしている。しかし、「血みどろにされた」という実感は隠しようがないのである。

第六節　大学教員になる

⑴東京教育大学

四〇代後半のこの時期まで、有賀は地主経営の責任を負うという人生の軸とスカラーとしての人生の軸を併行させて生きてきた。農地改革により、その一つ、地主経営の責任を負うという人生は失われた。有賀は大学教員としての職を得ていく。敗戦からの五年間は、地主経営の当主でありスカラーであるという存在から大学教員へと、生活を変化させる五年間でもあった。

一九四六（昭和二一）年からは、東京帝国大学文学部社会学科の非常勤講師になった。同学科の戸田貞三（当時文学部長）の勧めと誘いによる。四九歳で初めて雇傭され週に一回東大へ通うようになったのである。一年あまり住んだ平出からふたたび居所を逗子へ移した[11]。

この期に書かれた二つの文献は五〇代以降の有賀の研究の枠組みを示している。四〇代までの蓄積のうえにたって、自身を明確に社会学者ととらえている。それらについては後章で論述する予定であるが、簡単にふれておきたい。

一九四七（昭和二二）年に「社会関係の基礎構造と類型の意味」（『社会学研究』第1巻第1輯　Ⅷ所収）を発表。この論文では、社会学の実証的研究における比較研究の方法と、類型設定と歴史研究との関連を論じている。社会学としての分析枠組みの明示である。一方、一九四八（昭和二三）年に出版された『村落生活―村の生活組織―』は、「名子の賦役―小作料の原義―」発表前後に併行して書かれた六本の論文（「早川君の『花祭り』を読んで」「不幸音信帳からみた村の生活」「村の記録」「予祝行事」「イロリ雑考」「さなぶり」）をまとめたもので、いわば、村落理解モデルの呈示である。もとになった旧稿では自身の推論に社会学的との表現を与えていないが、この著作では、社会学的との表現を与えている。

一九四九（昭和二四）年、その年に発足した東京教育大学文学部の教授に就任。五二歳。はじめての常勤職である。

有賀に伴って東京大学助手だった中野卓が助手として着任した。東京文理科大学の教授であった岡田謙との三人が社会学教室発足時のスタッフである。森岡清美は東京文理科大学の特別研究生だったが一九五〇年には東京文理科大学の助手になり、社会学のスタッフは四人に増えた。一九五三年までには岡田と森岡が東京教育大学へ配置換えになり、名実ともに東京教育大学社会学教室が構成されたのである。その後、安田三郎、そして一期生の間宏が大学院を終えて加わった。

強力な実証研究の担い手たちがそろっていたことになる。学生の教育の中軸に実証がおかれ、社会調査実習を必修とし、毎年、合宿形式のフィールドワークが実施された。社会学研究室としては、一九五〇(昭和二五)年から一九五五(昭和三〇)年にかけて、長野県南安曇郡豊科町の町誌編纂事業の中で、社会部門の調査と執筆を行った。これらの調査研究にあたっては、有賀の方法論と村落理解モデルが枠組みとなったのである。

有賀のモデルが牽引車となり、同時に教室の人々の協働で豊科町における現地調査が進められた。その雰囲気を森岡清美は次のように回顧している(森岡清美二〇〇二)。はじめは、有賀の村落理解モデルにもとづいて集落の分析を積み上げ町の歴史的展開を把握しようとした。しかし、町自体の歴史の把握にはむしろ小学校など町自体に所属する機関の分析の方が適しているし資料も豊富であると判断して作業し、最終的には有賀に認めてもらった。

有賀は一九五七(昭和三二)年六〇歳で東京教育大学を定年退官する。この大学における有賀の八年間の研究と教育は、その後にスタッフたちが発表した次の研究業績という実りにみることができる。中野卓『商家同族団の研究』、森岡清美『真宗教団と「家」制度』、間宏『日本労務管理史研究—経営家族主義の形成と展開—』などである。有賀の死後になるが、一九八八年に、柿崎京一・黒崎八洲次良・間宏編で刊行された『有賀喜左衞門研究　人間・思想・学問』がある。ここでは、有賀在職時のスタッフ、院生、また、直接指導は受けなかったが強く影響を受けた学生(鳥越皓之、桜井厚、武笠俊一)たちが、有賀の研究枠組、研究方法論に関して、それぞれの視点から論じている。

⑵慶應義塾大学

東京教育大学を定年退官後、一九五七(昭和三二)年四月に、慶應義塾大学哲学科(社会学)教授に就任した。

一九六〇(昭和三五)年には諏訪市南真志野における共同研究を開始し、調査は一九六五(昭和四〇)年の定年退職までの長期にわたった。南真志野は、諏訪湖の山沿いに位置し、有賀の村である平出からは山を越えた隣村になる。初めは大学院生として、後には助手として共同研究の一翼をになった米地實によると、テーマは「村落における氏神祭祀組織と政治・経済構造との関連」

であった（米地實二〇〇四、八―九）。氏神信仰に焦点をあててモノグラフを作成することにより、有賀四〇代までの研究業績にもとづいた村落理解のモデルが、経済成長の中で、どのように維持されているのか、またはどのように変化しているのかの把握がめざされたのだと言えよう。

米地はこの調査を長期綜合調査と名付けている。綜合というのは、社会学、経済学、歴史学、社会心理学の共同調査が目指されたという意味である。調査は教員、院生の組織のもと、学部学生も参加して実施された。報告された調査結果として、有賀・仲（一九六二）、山岸（一九六二）、大渕（一九六六）米地（一九七七）などを挙げることができる。慶應義塾大学では、定年退職後も大学院の非常勤講師を亡くなる直前まで一〇年余つとめ、多彩な研究者の巣立ちを支えた。

一九九九年の三田社会学会（第一二回）に於いて、シンポジウム「有賀喜左衛門と社会学」が、川合隆男の企画により開催された。報告は中野卓（有賀喜左衛門研究法）、柿崎京一（有賀喜左衛門と村落の研究）および平野敏政（生活組織としてのイエと全体的相互給付関係）。討論者となったのは、中筋直哉、柄沢行雄、三浦直子、坂井達朗であった。このシンポジウムについては、『三田社会学No.5』（二〇〇〇年）に特集が組まれている。

第七節　学　会

学会活動をみると、一九三一(昭和六)年に社会経済史学会評議員に就任し亡くなるまでその位置にあった。先にも述べたように有賀が日本社会学会に入会したのは、一九三八(昭和一三)年、四一歳の時である。『農村社会の研究―名子の賦役―』を上梓した年である。この本は、日仏社会学会編、社会学研究叢書として刊行されたのであるが、その日仏社会学会では一九四三年から一九四五年まで理事をつとめている。日本社会学会での役員歴は、一九四四(昭和一九)年から一九四七(昭和二二)年にかけて理事をつとめたのに始まり、一九六〇(昭和三五)年から二年間は学会長を務めた。

学会を母体とする共同研究においては有賀のスカラー時代の蓄積がいかんなく発揮された。日本人文科学会による「社会的緊張」共同調査(一九五〇年～一九五二年)では地域社会班の班長として現地調査を統括した。福武直は次のように振り返っている。

「これらの調査で、有賀さんは、調査研究班の自由な調査活動をいささかも統制しようとはしなかった。私たち組頭が調整する調査活動を班長としておおらかに認めてくれた。…しかも、班長自ら、非常に熱心に聴取調査に精を出し、記録の筆写に時間も忘れるのであるから、無言のうちに範を示したものといえよう。有賀さんを親玉とする調査は、こうして、誰人にも楽しかった。同時に教えられるところも多かった。」(福武直一九六六「名主喜左衞門」別巻所収)。

同時期一九五二年から一九五四年にかけては日本社会学会による最初の共同調査である第一回社会的成層および社会移動の研究(SSM)においては農村を担当し、実査を行ったのである。また、一九五〇年からはじまった九学会連合(最初は八学会)の対馬を対象とした共同調査にも参加した。右にのべた活動にまして、有賀の学会活動として特筆すべきなのは、村落社会研究会(現日本村落研究学会)の設立とそこにおける活動だといえよう。一九五二(昭和二七)年、日本社会学会大会に参集した村落研究者たちのあいだで「村落研究会」の構想が出、一二月には発起人会開催、翌年一月には設立準備会発足、四月には「研究通信」第一号が発行された。構想の中心には有賀がおり、研究会の事務局を担ったのは東京教育大学社会学教室(有賀・中野・森岡)であった。発起人会に集まったのは農村社会学者が中心であったが、「…村落研究を…狭い専門にかぎらないで、できるだけ異なる専門の人々―むしろ社会学以外の人々―と一緒になり綜合的な共同研究をすることを目標にしようということが熱心に語られた」(有賀喜左衞門一九七六「村落社会研究会創立の頃」『研究通信一〇〇号』村落社会研究会)。そこで、発起人によって社会学以外の専門の人々にも呼びかけが行われ、全国から、農業経済学をはじめ、歴史学なかんずく経済史、人類学などの村落研究者が会員となったのである。八月には会員数は一〇〇名を超えた。

村落社会研究会の第一回研究会は一九五三（昭和二八）年一〇月に仙台で開催された。中村吉治（日本経済史）の研究室と木下彰（農業経済学）の研究室が開催の任にあたり、参加者は七〇名、大成功であった。

同郷の後輩、中村吉治は有賀に刺激されながら日本経済史の研究に入り、岩手県紫波郡煙山村という有賀の調査地である石神とは対照的な平地村の村落を対象に家々の社会関係についての調査を実施し完成させたところであった（中村吉治一九五六『村落構造の史的分析』御茶ノ水書房）。木下彰は名子の研究で成果を積んでいた（木下彰一九七九『名子遺制の構造とその崩壊』御茶ノ水書房）。有賀らが第一回の大会の開催地を東北大学にと考えたのは、直前に日本社会学会の大会が開催されたからだけではなく、中村と木下の業績を高く評価し、彼らの研究報告を加えることで大会の討論の内容を担保しようと考えたのである。

一九五六（昭和三一）年にはアムステルダムで開催された、国際社会学会（ＩＳＡ）の第三回世界会議に日本社会学会の推薦で日本学術会議から派遣され参加した。五九歳。共通課題「二〇世紀における社会変動の諸問題」のもと、設定された「家族変動」部会の第３小部会「東洋の家族」を、プリンストン大学のマリオン・レヴィ教授とともに、中根千枝の助力を得て司会した（有賀喜左エ門一九五六「渡欧通信」『研究通信二〇号』村落社会研究会）。この時有賀自身が用意した三本の論文は、この部会の骨格となるよう予定された。「アジアにおける家族の諸問題」「日本・中国・朝鮮における家族についての序説」「現代日本における家族の変化」である（この三篇については第三章第二節でふれる）。

第八節　学　長――日本女子大学――

一九六五（昭和四〇）年、六八歳。慶應義塾大学を定年退職した有賀は、日本女子大学の第七代学長に就任した。日本女子大学では、一九〇一（明治三四）年の創立以来、創立者成瀬仁蔵初代校長にはじまって、三代までは校長は男性であった。第四代以降は、卒業生が校長／学長に就任してきた。有賀は、あまり縁がない、外部からの男性のようにみえる。『女子大通信No.196』（昭和四〇年五月一日）に、有賀新学長歓迎の会の記事がある。この記事は、縁のなさを表しているようにみえる。入場してくる新学長を紹介する言は「有賀先生は、上代先生が日本中の大学・学界を見まわされ、探して、見つけてこられた後任学長である。」新学長の挨拶については、「有賀新学長も一言挨拶を述べられた。全学教職員は、新学長の第一声をおききした。教職員の中には、この時まで、有賀先生をまったく存じあげていないものもあった。」

実は、全く縁がなかったわけではない。一九四九(昭和二四)年から一〇年間、社会福祉学科で非常勤講師をつとめていたのである。有賀が非常勤講師をつとめた最後の年、一九五九(昭和三四)年には、全国における四年制大学への女性入学者数は、二一、八二四人(入学者総数の一四・一%)だった。それが、学長就任の一九六五(昭和四〇)年には、女性入学者数は四四、二三二人(入学者総数の一七・七%)となっていた(『文部統計要覧』)。四年制大学が拡大し、併行して、女性入学者数が増加し始めたことがわかる。変化の局面での学長就任だったことになる。

有賀は、女性である学生たちをどのようにとらえ、向き合おうとしていたのだろうか。成瀬記念講堂で催された就任式における有賀新学長の挨拶の中に、次の言葉がある。

「皆さんはこの大学に来て、ある人は花嫁修行をしてもいいし、またある人は就職をするための準備段階だと考える人もあってもいいと思います。しかし、それ以上に、人間として、もっと大きな考え方をもつようになることが大事ではないかと思うのであります。」(波線　引用者)波線の部分は、創立者成瀬仁蔵の三つの言葉「信念徹底・自発創生・共同奉仕」を展開していると同時に、有賀の人間観を示していると考えられる。

以下、学長在任八年間について、ふれたい。資料として用いるのは、『年表日本女子大学の一〇〇年』と、『女子大通信』の関連号（柿崎他一九八八に所収の武笠俊一「有賀喜左衞門業績目録」に記載）である。

「教養特別講義」という科目がある。この科目は、有賀の学長就任の翌年度一九六六（昭和四一）年度に開講された。「学生が知識だけに偏らず自己実現を果たすとともに、社会に貢献できる人材となることを目指して」（日本女子大学ホームページ）設定された。全学生の必修科目である。一年次の教養特別講義1は、学園の理念・精神を知り、日本女子大で学ぶ意義を知る。二年次・三年次の教養特別講義2は、社会の第一線で活躍する方々の講義とディスカッションを通じて、社会への関心を高める。成瀬仁蔵の「実践倫理」を原点としている。同時に、右に述べた、就任式の挨拶の有賀の言葉の波線箇所に対応していると考えられる。

学生寮の寮監制度が廃止された。一九六九年四月一日である。前年の秋には「寮の体制運営について寮生の不満強まる」と年表にあり、寮生と直接交渉する寮問題協議会が設置されていた。当時学生副部長の任にあった小澤俊夫は、状況を思い出している。

「学生の要求のなかに、寮の自治制度確立がありました。それまでは、明治以来の寮母制だったのです。女子大としては、自治寮を認めることはできない、というふんいきでしたが、有賀先生は、学内の関係者が不安をもたないように、時間をかけて学内討論を十分やった上で、自治寮にふみ切りました。…先生には、若い人たちに自治させて大丈夫だという、人間への信頼感があると思いました。」(小澤俊夫一九八八「大学紛争のなかの有賀学長」『信州白樺』第六七号)。

一九六八年・一九六九年は、日本中の大学が揺れた年月であった。日本女子大学においても、一九六九年は激動であった。六月一七日には、学生自治会が「大学の運営に関する臨時措置法案」に反対して学生大会を開催し、翌日より授業放棄によるストライキを決行した。二七日には、教授会・教職員組合(四月に結成されたばかり)有志が、大学立法反対デモを行った。七月には、社会福祉学科において、カリキュラム改正をめぐる議論が紛糾し、後学期まで閉講した。

このさなかに開催された、創立者成瀬の生誕記念式の式辞のなかで、有賀は次のように認識を示している。

「本学においても「大学立法」を契機とした—あるいはその他の問題もありますけれども—、一種の動きが大きくなりつつあります。それを我々がいかに落ち着いて受け止め、深い思索の中で我々の新しい行動をつくり出すか、そこに、本学としての創造を行うことが一番大切なことだと思っております。

成瀬先生はそういうことを、先生の一生を通して我々に教えてくれた方であります。私はそういう意味で、本日本学の最も激動した時期に成瀬先生の御生誕の記念式を行うということは、やはり非常に意味があるのだと思っております」（女子大通信No.247）。

この後も、学生たちの動きは続いた。一九七〇（昭和四五）年には授業料値上げ反対運動が盛んになった。一九七二年には、寮費問題、次項で述べる七十年館構想をめぐって紛争は続いた。再び、小澤の記憶を引用しよう。「学生はよく、団交を要求してきました。…有賀学長は、一度もそれを拒否したことはありませんでした…」（小澤俊夫一九八八右掲）。

一九七一年は、日本女子大学創立七〇周年にあたった。記念式典の学長式辞は「日本女子大学創立七十周年にあたって—成瀬先生の蒔いたヒューマニズムの芽生えをいかにして育てるか—」（女子大通信No.276）と題され、有賀は次のように述べた。

「このヒューマニズムの芽生えをいかにしたら大きく育てることができるかという問題が私たちの最大の課題となっているのであります。私たちはこれがために多くの論争と研鑽とに努力しなければならないと思います。そしてそれは、あくまでも民主主義的な態度を以て成しとげることに意義があるのであります」

「この目標にむかって、一歩一歩の基礎固めをしたいと思うのであります。今はこの基礎固めの一部として、日本女子大学創立七十周年記念事業を企画いたしましたことを本日発表いたします」

記念事業(一)創立者成瀬仁蔵著作集の刊行

記念構造物の建設:図書館増築、七十年館(仮称)建築

記念事業(二)日本女子大学学園基金の拡充強化

七十年館の地鎮祭は、一九七三年一月二四日に行われた。図書館増築工事は、同三〇日に竣工をむかえた。有賀喜左衛門は、三月三一日、学長を退任した。三月二〇日の卒業式の学長告辞は、「卒業を祝して—未来は自分がかちとってゆくもの—」と題されていた。「…私はバラ色の未来が皆さんのところへすーっと来るようなそういう未来というものがあるかどうかということを疑問に思っておるのであります。むしろ未来というものは、自分が努力してつかみとらなければならないものであります。」とし、さいごに、「これから皆さんも卒業してそれぞれの生活につくと思いますけれども、皆さんがお元気でそれぞれの未来をかちとって、自分の可能性を出来るだけ生かすように努力されることを祈って、餞のことばにいたします」(女子大通信No.291)。

学長の任にあった一九六五年から一九七三年の八年間は、『有賀喜左衛門著作集』のⅠ巻からⅪ巻までが刊行された年月(一九六六〜一九七一)と重なっていた。編者やスタッフがいたわけだが、

著者として全体と細部を見とおす活動、すなわち研究活動に割く時間と空間も必要だった。有賀は、それを確保する生活を保持していた。前出の小澤俊夫が次のようなエピソードを述べている（小澤俊夫一九八八右掲）。学生に関する会議が長引いたあと、学長の車に乗せてもらった機会があった。「車が動き出して校門を出たとたん、有賀先生は、いつもの学者の顔にもどって、その頃準備されていたご自分の著作集の話を始められた。」がらりと変わった話題に驚いた小澤が横須賀線に乗ってからそのことをいうと、有賀はいったそうである。「大学のことは、大学のなかだけでいいんだよ。大学をでたら、学問のことを考えないと、だめになるもんだよ。」

第九節　家の解体

さだ夫人は、有賀が日本女子大学の学長に就任した前後から病気がちとなった。ヘルパーの助けをかりながら、有賀が自身で介護にあたった。一九七三（昭和四八）年には神奈川県知事より介護賞を受けたほどであった。しかし、一九七六（昭和五一）年、七三歳で亡くなり、葬儀は平出で執り行われた。

有賀自身は一九七九（昭和五四）年に不調を訴え、一一月に信州大学病院へ入院した。脳腫瘍だった。その後手術を受けたが、一二月二〇日肺炎のため死去した。八二歳だった。

翌日、密葬がさだ夫人の実家池上家において執り行われた。あけて一九八〇（昭和五五）年一月二七日、日本女子大学成瀬講堂において合同告別式が行われた。日本女子大学、日本常民文化研究所、村落社会研究会、東京教育大学社会学の会、日本社会学会有志、慶應義塾大学教員有志、桜楓会の合同であり、喪主は義弟池上隆祐がつとめた。三月二日には平出見宗寺において葬儀が執り行われた。

一九八二（昭和五七）年に入って、池上隆祐により有賀夫妻の墓碑が見宗寺に建てられた。有賀家の家屋は取り壊され、文庫蔵のみ池上家に移築された。二四二年続いた有賀家は廃絶となった。

注

1 喜多野清一博士古稀記念論文集『村落構造と親族組織』所収「家と奉公人」において有賀は屋号のイニシャルを用いてY家として生家を描写している。Y家はもともとは綿などの商売により築かれ、幕末には二〇町歩を所有していた。その後分家を出し、一五町歩の所有となり、明治一〇年代には商売はやめた。有賀が生まれた当時の所有は一五町歩でそのほとんどを小作に出していたとしている。

2 『朝日村史』（朝日村史刊行会一九六八）によると六世喜左衛門は郵便局長、消防組組頭、小学校学務委員、平出銀行取締役、村会議員、郡会議員などを務めている。

3　中野卓は有賀の研究者としての個性形成について述べている(中野一九八一)。中野は、個人の個性形成には当事者にとって大きな意味を持ち当事者がそれを克服してきた衝撃的な出来事がかかわっていると説く。主著刊行時までの有賀のライフヒストリーを例にあげ、出来事の第一として、父親の死亡により九歳で地主家の当主の座に就かざるを得なかったことが、有賀の村落社会を見る目を形成したと観察している。出来事の第二は、後述の、植民地としての朝鮮社会の生活と文化にふれたことであるという。

4　喜多野清一博士古稀記念論文集『村落構造と親族組織』所収「家と奉公人」における記述。

5　諏訪中学には「同志社」といって、学業に励むことを目的として共同生活を送る結社が結成されていた。この結社に有賀は相当の関心を持っていたと思える記述が『信州白樺六七号』所収のエッセイ「寄宿舎の生活」にみられる。

6　近代日本実業界の最高指導者といわれる渋沢栄一の嫡孫であり後継者。経済界の中心として活躍すると同時に、アチックミューゼアム(のち日本常民文化研究所と改称)を主宰。後述。

7　平出の後輩にあたる中村吉治の記憶によると、中村が高校生(三高)当時、読書についてアドバイスを求めたところ共産党宣言を初め、クロポトキン、バクーニンなどのリストを送ってきたという(北川編二〇〇〇所収の「資料　有賀喜左衛門の資質の形成」)。

8　マリノフスキーの部分訳は寺田和夫・増田義郎訳「西太平洋の遠洋航海者」として『世界の名著五九　マリノフスキー／レヴィ＝ストロース』一九六九に入っている。モースの論文の日本語訳は、一九四三年に山田吉彦訳『太平洋民族の原始経済―古制社会に於ける交換の形式と理由』が、一九六二年に有地亨訳『贈与論』(一九七三年に改訳が『社会学と人類学』に)、二〇〇九年に吉田禎吾・江川純一訳『贈与論』が、そして二〇一四年に森山工訳『贈与論―アルカイックな社会における交換の形態と理由―他二篇』が出版されている。

9 本書で「全体的相互給付関係」と記すのは、モースの仏語 prestation totale の有賀による訳語である(第四章第二節参照)。前注であげた翻訳書では、それぞれに於いて異なった訳語が与えられている。山田吉彦は「全的給付」、有地亨は「全体的給付組織」、吉田等と森山はそれぞれ「全体的給付」としている。なお、新社会学辞典(一九九三)では、「全体的給付システム」として述べている。参考までに、一九七〇年に英訳を出版したカニソンは prestation を的確に表現できる英語はないとして、訳文中に prestation をそのまま用いている。有賀が論文の中で「全体的相互給付関係」にふれた時点以前には山田の訳本しかなかったと思われる。その中で有賀としては「全体的相互給付関係」という訳語を用いるという判断をしたのである。そこで、本書ではこの訳語で論じていくことにする。

10 この項は、桜田勝徳「敬三とアチックミューゼアム」渋沢敬三伝記編纂刊行会一九七九所収 に基づく。

11 東大における講義録を、当時学生として講義を聴いた高橋明善が、柄沢行雄らの助力を得て、活字化している(高橋明善二〇一八、二〇一九)。

第二章　日本社会の社会関係

第一節　本章の目的

一九四三（昭和一八）年十二月に主著である『日本家族制度と小作制度―「農村社会の研究」改訂版―』が刊行された。この著作の最後に、有賀は、日本社会の社会関係に関する命題を呈示している。以下に引用する。本章では、この引用文で波線を付した概念について述べ、命題の構築過程をたどる。

「大家族乃至同族団体を通して社会関係における日本的性格を考えるなら、既に見て来たように上下結合を根幹として、それをオヤ・コ（オヤカタ・コカタ）の同族的身分関係に表現し、或はそれを潜在せしめる縦の関係が緊密である所にその傾向を把える事が出来るように思われる。これに於いては元来オヤ（オヤカタ）はコ（コカタ）に対し全的支配と保護と指導とに任じ、コはオヤに対し全的奉仕を為す道徳規定を以って結合したのである」（有賀一九四三、七三〇　波線は引用者）。

第二節は、波線の「上下結合」に関してである。社会関係分析における有賀の洞察を、一九三三(昭和八)年から翌年にかけて発表した「名子の賦役―小作料の原義」(『社会経済史学』三ノ七、一〇　Ⅷ所収)に基づいて述べる。第三節では、重要な調査対象との出会いを、一九三九(昭和一四)年刊行の『南部二戸郡石神村に於ける大家族制度と名子制度』(アチックミューゼアム彙報四三　Ⅲ所収)に基づいて述べる。波線の「大家族乃至同族団体」に関してである。第四節は、波線の「同族的身分関係」に関してである。一九三八(昭和一三)年刊行の『農村社会の研究―名子の賦役』(日仏社会学会編、社会学研究双書第一冊　有賀一九三八)に基づいて、基礎となる概念と仮説を提示する。そして、第五節では、一九四三(昭和一八)年刊行の『日本家族制度と小作制度―「農村社会の研究」改訂版―』と、一九六六(昭和四一)年刊行の『有賀喜左衞門著作集Ⅰ』『同Ⅱ』所収の「日本家族制度と小作制度上・下」に基づいて、日本社会の社会関係に関する命題を述べる。波線の「社会関係における日本的性格」と「道徳規定」に関してである。

右記の論文と著書の副題は、繰り返されているように見え、一見、煩わしい。しかし、連鎖していることが判る。最初の論文の副題、二つ目の著作の副題、主著の副題の連鎖に、命題の構築過程を見ることができるのである。最初の論文において、賦役が小作料の原型であるという仮説を示し、『農村社会の研究―名子の賦役―』では、その仮説を展開して小作制度についての議論をしている。『日本家族制度と小作制度―「農村社会の研究」改訂版―』は、前著での論述を社会学的枠組みを明確にし、構造化したのである[1]。

第二節　社会学的洞察：上下結合を社会的形態としてみる

(1)研究の視点――地主小作関係を社会的形態として把握――

前節で示した命題では、有賀は「上下結合を根幹」としている。その「上下結合」を社会的形態とみなす洞察が有賀の研究の起点であった。上下結合として有賀が焦点をあてたのは、地主小作関係である。

一九三〇年代初頭の日本において、小作農家と地主の関係は大きな社会問題であった。小作農家が地主によって抑圧されているという指摘である。当時(一九三〇年をみよう)、日本の農家の三一%は自作、二七%は小作、四二%は一部小作・一部自作であった(帝国農会『農事統計』一九八八日本統計協会所収)。合わせると六九%の農家は小作料(地代)を地主に払っていたことになる。高率な小作料をめぐって小作料減免を要求する、また耕作権の確立を要求する小作争議が増加(森二〇〇六)していた。

当時、地主小作関係の研究を主要に担っていたのは経済学者であった。経済学者たちは、地主小作関係を経済的形態としてとらえた。そして、いわゆる、日本資本主義論争がかわされていた（日本農業問題論争、日本資本主義論争第二期）。中心となった論点を象徴するのが小作料（地代）が封建的なのかどうかという歴史的特質に関する議論であった。地代を経済的範疇に属すると規定した論争であり、枠組は階級史観であった[2]。

『日本資本主義発達史講座』（一九三二年から刊行）に論文を発表したいわゆる「講座派」の研究者たちは、小作料は封建的地代にあたると規定した。それに対して「労農派」の研究者たちは、小作料は封建的地代でもなく資本家的地代でもないという意味においてわが国の高率な現物小作料は前資本主義的地代と規定した。論争の背景には革命の戦略論があった。日本社会（その基盤の一つとしての農村）をどのように把握するかという論争であった。日本社会は封建的であり、今後階級分解を経て革命を目指すとする二段階革命に与したのが講座派であり、他方、すでに資本主義的経営も現れているのであるとして一段階革命に与したのが労農派であった。

同時期に、有賀は、当然視されていた経済学者たちの議論の枠組みに依らなかった。「私の考察の重心はそれぞれの小作形態がいかなる生活意識によって行われているかを知り、それを比較する点にある」（Ⅷ、二一一）と有賀は述べた。有賀は地主小作関係を社会的形態と規定して論じた。

⑵賦役に着目

当時の日本には多様な小作形態がみられた。農務局『本邦小作慣行』(大正一〇年等)、県報告書、既存の研究論文、および有賀や他の調査者の報告(フィールドノート)を資料としてみると、小作形態は一様でないことが判る。有賀が注目したのは、賦役と小作料の併存という小作形態であった。賦役とは労役である。地主の経営と生活のために小作が無償で為す労働である。一方、小作料は収穫物ないしは金銭で納められる。現物納ないしは金納ということになる。小作が、賦役と小作料という異質な納付の仕方を同時にとっているのはなぜか。そのことは何を意味するのか。

地主小作関係を考察するにあたって、有賀は生活という概念を核においた。生活は、有賀の考察において核となる概念である。生活は、社会的条件、自然的条件の総合であるとされる。その意味では経済関係は生活の一部ということになる。「その生活の全体を表象するものは生活意識である」(Ⅷ、二二〇)。生活は、持続・存続が前提となる概念である。とすると、地主と小作の関係は、対立ではなく、双方の存在が双方の生存にとって必須であるという相互関係ととらえることになる。地主の経営と生活にとって小作の存在は必須であり、小作の生活は、借りた土地での生産を必須としていると想定される。

次に、有賀は比較という分析手法をとった。「比較する」(Ⅷ、二一二)とは、当時の日本社会に存在した様々な形態の地主小作関係を社会関係と捉えたうえで、それらの間にどのような変異があるか把握し、変異にどのような関連性(法則性)が見いだせるかを考察したいということであった。具体的には、賦役と小作料の比較である。

賦役の提供のみの小作を名子と呼んだ。地主である本家に依存し隷属した生活であった。有賀が研究した当時、賦役のみの小作形態すなわち名子制度が存在した村落の特徴は、交通不便で孤立しているという点にあった。耕地は不足し、一方で、農外就労は困難であった。このような村落の特徴は、研究がすすむにつれ、「厳しい生活条件」という論点に集約された(本章第五節、第三章第二節参照)。実際は、日本では、当時、すでに、このような村落は、数の上では非常に少なかった。

次に小作である。小作は賦役を提供しないのか。そうではなかった。有賀が注目したのは、小作料(現物納ないしは金納)を納め、同時に、賦役(労役)も提供するという小作形態である。この小作形態においては、異質な納付の仕方が併存していたことになる。なぜ、併存しているのか。この点を考察した有賀は、異質と見える形態は、経済変化や社会変化にともなって、小作の生活と地主の生活の両方が変化した結果生じたと推測した。異質ではなく、実は、地主小作関係としては連続していたと論じたのである。名子が賦役のみを地主に差し出すという社会関係は、経済変化に伴って、小作は地主に小作料を納め同時に地主に隷属し賦役を出すという社会関係へと変化した。

このように考えると、変化のプロセスは以下のように把握される。分家当初、名子は自立して経営・生活しうる条件がなく地主に全面的に依存せざるを得なかった。一方、地主(大家、オヤ)の経営と生活は名子の労役を前提として成り立っていた。しかし、経済変化とともに、名子が経営と生活に自立性を得る可能性が生まれる。同時に、地主にとって名子の賦役の量は多すぎるという状況も生じうる。そのような新しい状況のもとでは、地主(大家、オヤ)は、名子に土地を貸与し小作料を納めさせる。その時の小作料の算定方法は刈分けである。刈分けとは、毎年、刈取り後、収穫された現物の総量をみて、地主立会のもとで、小作料として納付すべき量を算定する方法である。ただ、現実には、一度に小作の耕地のすべての圃場について貸与が開始されるのではなかった。部分的に少しずつ貸与されていったと考えられる。従って、賦役の課せられる圃場も残る。そこで、現物納小作料と賦役の併存ということになるのである。賦役と小作料の併存する小作形態が広汎に存在するということは、小作が地主に小作料を納め、一方で賦役というかたちで地主に隷属しているという社会関係を示した。ここから、小作料の原型は賦役であった、という推測が可能になる。

そのような考察にもとづいて、有賀は、地主小作関係はオヤ・コ関係であり、小作料の原型は賦役であるという仮説を呈示したのである。一九三三年に発表された論文「名子の賦役―小作料の原義―」の要点は、次のようにまとめられる（一部引用者による構成）。

「地主（大家／大屋）に生活および生存の全側面で依存せざるを得ないような小作（名子）を日本における小作の原型と考える。従って、名子が地主の経営と生活の維持のために提供する無償の労働である賦役が、小作料の原型と考えられる。」

この段階ですでに研究の大枠はできていたといえる[3]。次節では、この仮説を理論構築へと精緻化し展開させた重要な事例研究すなわち石神の大家族斎藤家の調査について述べよう。

第三節　基盤となった事例：大家族乃至同族団体のモノグラフ――石神・斎藤家――

(1)石神との遭遇

「石神」は、有賀が訪問した当時は、岩手県二戸郡荒沢村浅沢学区内の一部落であった（その後は岩手県二戸郡安代町石神　現在は八幡平市石神）。荒沢村は三方を一〇〇〇メートル内外の山に囲まれていた。安比川流域を行く交通はあったが、山を越えるには峠路を行かなければならなかった。山村であった。有賀の故郷である平出とは異なるタイプの山村である。平出は街道沿の山村であった。石神は文字通り山に囲まれ、交通網から遠かった。

石神におけるアチックミューゼアムの共同調査の契機は一九三四(昭和九)年の渋沢敬三による東北調査であった。渋沢は、石神の「大きな家を持っている斎藤家の大家族と名子制度」について、予備的調査をしてきていた。民家建築や家族等に関する共同調査が計画された。有賀は経済史の土屋喬雄とともに大家族制度と名子制度の調査を担当することとなった。一九三五(昭和一〇)年から翌年にかけて有賀は石神でフィールドワークを行った。石神の大屋斎藤家の当主斎藤善助と郷土史家の佐藤源八が重要なデータ提供者であった。その後も文通により資料収集を行った(三須田善暢他二〇一六)。佐藤源八は、『南部二戸郡浅沢郷郷土史料』(アチックミューゼアム彙報第三七)を刊行している。

有賀の報告書『南部二戸郡石神村に於ける大家族制度と名子制度』(アチックミューゼアム彙報第四三)は一九三九(昭和一四)年に刊行された。「一部落の生活組織に関する総合的調査」(Ⅲ、一)によるデータの報告である。四章からなる報告書の構成は、社会的形態として地主小作関係を把握しようとする有賀の研究枠組みにのっとっている。「第一章分家」では大家族斎藤家と三七戸からなる村落の構成を論じている。「第二章給付関係」と「第三章家屋」において、農耕、年中行事、冠婚葬祭、屋根葺や家屋普請などに現われる社会関係を、給付関係と上下関係の二つの枠組みで報告している。そして「第四章旧土地制度拾遺」である。この報告書は地主と小作の社会関係（給付関係と上下関係）を社会的プロセスとして観察し、観察データを提示した。前節で述べた洞察を構造化することを可能にした事例調査であった。

⑵大家族斎藤家の経営と名子

斎藤家（オオヤ／大屋）は、南部藩の士格から帰農し、寛永年間（一七世紀前半）にこの地に居をトした。有賀の調査時の当主斎藤善助は一七代目にあたった。調査時には、田を五町余、畑を一二町弱、山林一二〇町余を所有していた。一方で、漆器業を営んで、貨幣経済の中に身をおいていた。大屋が漆器業を開始したのは寛延―宝暦（一八世紀中頃）である。一四代（天保一八年〜明治一八年）の頃には「非常に発展し、自家にも塗師七、八人を置いて製造するばかりでなく、問屋として一切の材料を近村の製造者に支給し、その製造品を一手に集散した」（Ⅲ、一五七）。漆器業が、大屋の「資材と地位を安固にし…近村の土地の兼併を行う余力を貯えさせた」（Ⅲ、一五七）のである[4]。

大屋斎藤家に居住し農耕、漆器業をになう生活をともにしていたのは、当主善助の血縁家族員（一三人）、召使とその家族員（合わせて一三人）であった。間口一九・五間　奥行八・五間　約一六六坪の家屋に暮らしていた成員は総数二六人であった[5]。アチックミューゼアムが「大家族」として注目した所以である。

石神集落の総戸数は三七戸であった。その中で、大屋斎藤善助家と、家の創設にかかわって大屋と何らかの関係をもった家を合わせると、三〇戸を占めた。内訳は次のとおり。

大屋

別家　五戸　孫別家　二戸

分家名子　九戸　別家格名子　三戸　屋敷名子　六戸　作子　四戸

二九戸は二つのカテゴリーからなる。

第一のカテゴリーは別家（別家・孫別家）である。有賀は血族分家と呼んだ。大屋の次三男が分家させてもらったものである。五戸のうち四戸は明治以前の分家である。明治に入っての一戸は、一四代当主の没後すぐの分家である。家、屋敷、耕地、山林、家財道具を分与され、「カマドヲワケル」と称された。分与された耕地規模は本家である大屋に比せば小さい。明治に入って「カマドヲワケ」てもらった別家の例をあげると、田五反　畑四反余である。ただ、別家はすべて地主もしくは自作農である。また、別家の屋敷は集落の中心部、大屋の屋敷の近くに位置している(孫別家は別家の別家ということになる)。

第二のカテゴリーは名子(分家名子・別家格名子・屋敷名子・作子)である。有賀は奉公人分家と呼んだ。大屋に召使として居住していた者が分家させてもらったのが分家名子・別家格名子(特に功労がある、ないしは特別な親愛の情がある場合、別家格と称した)である。

召使となるのは一〇歳前後の子どもであった。分家名子の次三男。近隣集落の出身者もある。また、分家名子の長男が召使として入り、再び分家名子となっている例もみられる。[6] 成長の上は名子にしてもらうという口約束の下に召使に入る。召使は大屋の家屋に居住し、大屋の経営、生活に必要な労働力となる。調査時点での大屋の分家名子をみると、九戸のうち五戸は明治以降の分家である。これは大屋が開墾のために召使をおいた結果であるという。召使が結婚し、子供が生まれ家族員が多くなると、大屋は、家屋、耕地を与え分家させる。これを「家ヲモタセル」と称した。与えられる耕地は、二つの部分からなる。一つは全収穫を名子の自用に供することができる「役地」である。もう一つが刈分け小作の「分作」である。それぞれの規模は小さい。一例(注6の橋本鉄五郎)をあげると、役地は宅地一二〇坪、田〇・五反、畑二・九反、分作は田一・七反、畑一・五反であった。これらに加えて、スケと称される、大屋の経営と生活を維持するための労働(農耕・

家事)を一定量担うことになっていた(スケについては次項で述べる)。分作では現物納小作料が課されたから小作であった。同時に、スケと称される賦役を担っていたから前節でみた定義を適用すると名子であったのである。分家名子と別家格名子合わせた一二戸は大屋の経営と生活に労働を提供する大きな集団を成していた。[7]

(3)給付関係・上下関係

給付行為は交換である。「給付行為は労力、物品、心情の綜合的贈答からなるものであって、生活行為の内面的な部分に及んでいる…」(Ⅲ、一二三)。そして、次のように想定される。「それは、…生活の種々な場合に現われている。すなわち農耕、屋根葺、建築、婚姻、葬式、出産、祭祀、病気、火風水の災害などの場合がそれであって、これらの場合に行われる給付行為には必ず村の各戸間の社会関係が現われている」(Ⅲ、一二三)。この想定の背後にあるのは、「それ(給付行為)は決して単純に経済的な労力関係だけで表現されるものではなく、もっと広汎な人間的給付関係として現われるのである…」(Ⅲ、一二三)という視点である。「社会的形態としての地主小作関係」という有賀の把握に対応する視点である。次に、いくつかの側面から給付関係と上下関係をみよう。

◆農耕と生活

はじめに農耕と生活における、オオヤと同居の召使の給付関係の内容をみる。召使および召使家族の労力のほとんどすべてがオオヤのために使役される。農耕、山仕事、木地挽き、漆器業および家事全般である。オオヤから召使に与えらえるのは、召使および召使家族の食事、被服、薬、医者にかかる費用、子供の小学校就学経費、麻糸（女召使に与えれる、染賃はオオヤが出す）、藁（男召使に与えられ自由に使わせる、藁細工など）。また、定められた休み時間と休み日があり、召使が私的に働いて収入を得ることが出来（藁細工が多くなされた）、この収入を自由に消費することは可能である。

次いで、農耕と生活における、オオヤと分家名子との給付関係をみる。オオヤと召使の給付関係を祖型とした内容である。分家名子がオオヤに提供しなければならない労役・手伝いをスケと呼んだ。すなわち賦役である。農耕のスケは、田打ち、田掻き、田植え、草取、稲刈、稲上げ、稲扱きに出す。それぞれの作業に、「二日ぐらいずつ」スケを出す。家事のスケは、煤掃、餅つき、屋敷の草取、片付けである。オオヤは、スケに対して、当日の三食と「コビリ」を出し、帰りには藁を与える。一方、小作地である分作の耕作については、オオヤが名子に指図することはない。ただ名子の厩肥が足りない時はオオヤから与えることはある。名子が分作地の畦や主要作物の間に作物を作れば名子の所得になる。

正月をはじめとする節季の祭日には分家名子はオオヤに行き、ご馳走を食べて遊ぶ。この時、オオヤと名子との間に贈答が行われる[8]。

オオヤは名子に、日常生活の中で必要になる食継米と塩を与え、臨時／緊急時に必要になる晴着、薬（富山の薬売りのもの）を常備し、利子なしの時借りにも応じた。これらは分家名子の生活保障として機能していたのである。

農耕と生活における給付関係をもたらしている条件は、オオヤの側が経営と生活のため労働力を必要としたという条件と、分家名子の側は生活の保障を必要としたという条件である。オオヤは漆器業のためには労働をささえる召使を必要とする。分家名子は、オオヤに依存する以外に、生活維持の道はない。この報告書では、明確な用語を与えていないが、分析の視点は全体的相互給付関係（第三章第三節及び第四章第三節参照）である。分家名子の農業経営は過小であり、労働力は過剰である。次三男はもちろん長男さえもオオヤの召使にして世話になろう、という「気風」（Ⅲ、一四八）が強い。余剰労働力を利用して分家名子が貨幣収入を得るにも、オオヤに関係する部門（二歳牛馬の売却、藁細工、借金）に頼るのがほとんどなのであった。

◆葬　式

オオヤの血縁家族員が亡くなった時、労力のスケアイとオオヤに贈られる物品は次のとおりと報告されている。スケアイの内容は、寺への使い、穴掘り、葬具の準備、料理、弔問客の接待、遠方の親戚への連絡である。関係の深い別家と分家名子は家族全員がスケに出る。その他の家々からは一軒に一人。中心となって指図するのはオオヤの主人である。別家と名子から贈られる物品は香奠、夜食、および「手伝い」と称される白米である。香奠は、別家からは十銭ないし二十銭であり、名子からは二銭ないし五銭である。「大屋の葬儀には村のほとんど全部が来ることになる」(Ⅲ、二〇七)。

名子の家の葬式の場合。オオヤの主人が世話役となる。スケとして一人程度手伝いを連れてくる。また、葬式に必要な諸道具、葬具、場合によっては葬儀費用をオオヤから貸し出す。オオヤから名子に贈られる物品は、オオヤの葬式の際にオオヤが受けたと同額／同量である。

◆家　屋

前述のように、オオヤの家屋は約一六六坪と大きい。このうち生活空間は一二二坪であり、残りの約四四坪は農作業用の空間(マヤ、ニワなど土間)である。このほか、家屋の屋根裏の二階は木地の椀や製品の貯蔵所になっている。家屋に付属して、土蔵、水車小屋、木地挽き場、物置小屋、緬羊舎などの生産関係の建物があり、生活関係では湯殿と便所がある。家屋の使い方は、大家族斎藤家の同居構成員の給付関係と上下関係、大家族斎藤家と名子の給付関係と上下関係の表象と言えよう。

オオヤの家屋の中で血縁家族員と召使の起臥空間は異質であり隔絶されている。例えば寝室である。オオヤの若夫婦の寝室であるコザシキは広さ六坪、畳敷きで農作業用の空間からは離れた位置にある。それに対して、召使の寝室であるヒヤは、広さ一坪、畳敷き、農作業用空間に近接している。家屋に付属した便所は三つに分かれている。客用、血縁成員用、召使用の三つである。

オオヤの家屋を訪れた者がどのように接遇されるかを見よう。玄関から入るのは別家格の訪問客である。名子やその他の部落の者は農作業の空間であるニワから入る。別家格の客は、ジョウイ(玄関から上がってとっつきの大きな板間、血縁家族員が常に居る)か、ヤクヤ(ジョウイの隣の畳間で主人の居間)に通される。名子はダイドコに集う。ダイドコは、ジョウイより一段下がった板の間で農作業用空間であるニワにつながっており、常は召使が居る。

オオヤ家屋と分家名子家屋を比較すると、デザインと大きさで相違がある。大きさは、オオヤ家屋を三とすると分家名子家屋は一である。デザインの大きな相違は、分家名子の家屋には玄関はないことである。また、分家名子の家屋には畳敷きの部屋は少なく、すべて板間の例もみられる。オオヤ家屋と分家名子家屋の類似点は、家屋内で作業空間が占める割合である。

⑷オオヤと分家名子——賦役と小作料の併存する小作形態——

有賀は、「給付関係はつねに村の生活の組織形態を示すので、給付行為が実現する形態を明らかにすることが最も必要であり、それを生活のあらゆる角度から観察しなければならない」（Ⅲ、一二三）と考えていた。従って、「総合的調査」（Ⅲ、一）の報告書は、オオヤと村の構成戸、村の構成戸同士の給付関係と上下関係を、生活の諸側面において観察している。その中で、本節では、オオヤと分家名子に焦点をあてて要約した。分家名子に焦点をあてたのは、石神の斎藤家と分家名子は　小作料の原型を論じる際に有賀が注目した〈賦役と小作料の併存する小作形態〉の実例とみなせるからである。

第四節　小作慣行に関する仮説：普通小作と同族的身分関係の持続

石神の斎藤家の観察と分析をバネに、有賀は賦役と小作料について考察した。そして、『農村社会の研究—名子の賦役』において、小作制度の起源に関しての仮説を呈示した。すなわち、「小作制度は大家族制に於ける家内賦役制の内部的解体の第一歩である子方の請負耕作に発する」（有賀一九三八、五二三）。有賀は、小作制度を「子方百姓の独立という近世史における最も顕著にして最も重要な現象」（有賀一九三八、四八〇）と把握していた[9]。

(1) 隷属小作と普通小作の併存

初めに、前節の石神を含む十五地域の事例[10]の観察結果を比較・分析し、部落発生時の開発者の家族[11]と、小作形態の関連を把握している。小作形態とは、賦役提供（＝隷属小作人）と小作料納付（＝普通小作人）の併存の形態である。

四種のタイプの関連が抽出された。

第一のタイプは、賦役提供だけという小作形態である。血族のみの同居の大家族による開発の場合で、耕地が狭小なため分家しても本家の経済的援助を受けざるを得ない。分家は本家の経営に賦役を出す。本家と分家の間に小作料納付の関係はない。分家は隷属小作人として存在する。このタイプの関連を示すのは一例（青森県野澤家、先行研究文献に拠る）のみであった。

第二のタイプは、賦役提供と小作料納付が併存する小作形態である。血族の家族員と非血族の召使家族員で構成する大家族による開発の場合である。血族の家族員の分家は本家と小作関係は持たない。召使家族員の分家は、本家に依存し、小作料を納付し賦役を差し出す。召使家族員の分家は隷属小作人であると同時に普通小作人なのである。このタイプの関連を示したのが石神ともう一例である。

第三のタイプも賦役提供と小作料納付が併存する小作形態である。第二のタイプとの違いは、開発者は大家族形態をとらないで、本家の統制する大家族的組織が開発するという点である[12]。開発者（本家）が統制する、血族分家と奉公人分家からなる大家族的組織が開発にあたる。分家は、当初は本家への依存が大きく、賦役を出したが、一般経済の発展とともに独立性を得ていった。

第四のタイプにおいては、賦役提供は存在しない。開発者は大家族形態をとらないで、開発者（本家）の統制する大家族的組織が開発する場合である。この大家族的組織は第三のタイプの場合とは異なり、奉公人分家を含まない血族分家の大家族的組織である。近世農村における分家の基本的類型とされ、早期に賦役提供から脱し独立性を得ていった。大家族組織の解体がみられるようになる。分家は普通小作人である。このタイプの関連を示したのは五例である。

第一のタイプにおいては隷属小作のみ。第二、第三のタイプでは隷属小作と普通小作の併存。第四のタイプでは普通小作のみということになる。

(2) 隷属小作と普通小作の社会的歴史的関係

◆分家は隷属小作人(子)の貌と普通小作人(小作人)の二つの貌を持つ

特定の地主に隷属して賦役を提供する隷属小作人を名子と称する[13]。

名子となった要因は四種あげられている。第一に血族分家に因る名子関係。第二に主従関係(武士の土着、農村奉公人の分家、他所者の土着)に因る名子関係。第三が土地家屋の永代売りに因るもの、第四が飢饉に際しての救済に因るものである。名子になった要因によって本家との関係・賦役の内容(種類)は異なる。

まず、血族分家を要因とする名子関係。分家当初は、分家は本家に依存せざるを得ないと同時に労力を提供し本家経済の存続発展に寄与した。血族的分居大家族制のかたちをとった。隷属小作人であった。しかし、その後、経済発展とともに血族分家は徐々に独立性を得る。隷属小作人の部分は消え、普通小作人になっていく。そして、血族的分居大家族制は解体していく。しかし、本家分家関係をオヤコ・イトコの関係であるとする隷属関係の社会意識(内面的関係)は残る。

次に、主従関係を要因とする名子関係。典型は奉公人の分家である。主家は経営のために必須な労働力として農村奉公人を取り入れたのである。実親は主家に子どもの養育をゆだねたことになる。「地主に子どもの親権を移転し将来を保証してもらう…躾約束たるものである」（有賀一九三八、二四〇）。主家をオヤとし奉公人をコとする。「オヤコは生活組織における身分関係であるが、同時にその労働組織におけるコの地位を示すものである」（有賀一九三八、二四六）ということになる。このオヤ・コ関係は奉公人が分家した後も連続し、奉公人分家は隷属小作人として主家（親方本家、オヤ）に賦役を提供した。しかし一般経済が発展してくると奉公人分家の独立の可能性が生じた。一方、親方本家も自己の手作りを縮小して残りを奉公人分家に請負耕作させるようになった。「物納小作料がそこに出現する」（有賀一九三八、一〇九）。奉公人分家が普通小作人としての貌も持つようになる。ただ親方本家は一度にすべての耕地を請負耕作に出すのではなかったから、奉公人分家には賦役を提供する隷属小作人としての貌も残る。そして主家（親方本家、オヤ）への従属という旧来の関係は残存する。

有賀は次のように述べている。本家（地主　親方、オヤ）の視点からは、「地主が直営地の一部をさいて名子の請負耕作に委ねることは直ちに彼らの身分関係を解消するものではなく…一括して賦役をとる慣行との差違はその一部分が物納に代わっているというにすぎない」のであり、分家の視点に立つと、「小作地を持つ事は地主の大家族に隷属しつつ傍ら地主の支配地の請負耕作をすることに外ならない」（有賀一九三八、四〇二―四〇三）。

◆普通小作人の労役にも賦役提供は内在する

刈分け小作における地主と小作の給付関係について事例[14]から「刈分慣行に於ては、その耕作から収納に至る迄の過程に於て地主が相当程度関与している事が少なくない」(有賀一九三八、四一二)ことが把握された。地主は小作人の耕作経営に関し多くの指図と助力を行う(有賀一九三八、四一七)。小作地の管理に関して植付播種期日の決定、農業経営資本に関しては、肥料、種子種苗、灌漑排水の施設その修繕材料および土地改良費、害虫駆除用薬品、農具役畜の提供又は貸与、および資金の貸付などである。次に、刈取りから刈分け、調製までの収納である。刈取りにおいては、圃場で刈り取った稲を束にして分配する。束分の配分率は五対五ないし六対四である。そして、多くの場合、「刈分に於て小作人が地主の得分を運搬し、穀分のため脱穀し、若しくは地主に使役されて調製する慣行」(有賀一九三八、四三九)がある。これを有賀は賦役と同質であると論ずる。

さらに、有賀は、刈分け小作のみでなく、検見小作・定免小作を含む普通小作と賦役との社会的歴史的連関へと考察を展開した。視点をあてたのは、右に述べた、刈取り、調整、収納の作業過程である。「定免慣行に於ては小作人は地主に関係なく刈取脱穀調製した後地主に一定の納米を行うものである。検見慣行ならば毎年地主立ち会って夫々の田畑に付きその収穫高を予め見積もり、その上にて一定の率に依り小作料を決定し、小作人自身刈取脱穀調製の上地主に納付する」(有賀一九三八、四三九―四四〇)。このような相違があるが、「刈取脱穀調製、運搬に就いて言えば、その作業次第に先後がある許りで、是等が等しく小作人の労役に依るものである事は同様である」(有賀一九三八、四四〇)。有賀は、この「小作人の労役」の内容を事例により比較して、「この労力が全く賦役の性質を具備するという事は明かであって、それが小作慣行に本来内在しているので小作料とは別の小作条件としても意識され得ないのである」(有賀一九三八、四四二)と明らかにする。そこからの次の知見が得られた。

「刈取りより調製に至る労役は地代的意味を持つ賦役より以前からの本来的賦役たる性質を持ち、それは定免小作制に迄持ち伝えられている点が注意されなければならない。定免小作制が完全に地代的意味を持つに拘らず、猶且つ斯くの如き部分を持つのはそれが小作制度の起源を示唆するものである事を知るのである。小作制度に伴うこの労役は…　封建的労働地代の残存ではなく、封建的ではあるが、労働地代以前の、即ち大家族形態に於ける子方百姓の家内賦役の直接の残存であって、労働地代とは明かに区別されて存続して来たものである」(有賀一九三八、四四七―四四八)。

⑶普通小作における同族的身分関係の持続

小作料の決定がどのようになされるか。ここに焦点をあて、刈分け小作、検見小作、定免小作を比較した有賀は、三つの小作慣行の間に共通点を見出す。それは「小作料の決定がその実収高に深く関連している」(有賀一九三八、四五四)という事実である。「刈分においてはこの原則(=実収高に基づく)が正確に実現される…定免にしても検見にしても破免に瀕した場合は結局これに落ち着くのである」(有賀一九三八、四五四)。ここから「言い換えれば検見も定免も刈分けの展開したものであると考えられるのである」(有賀一九三八、四五四)という言明がなされる。

小作と地主とのあいだの給付関係の中軸が賦役から小作料に変化していくのは緩慢なプロセス(有賀一九三八、四六五)である。先に、分家の持つ隷属小作人(「子」)と普通小作人(「小作人」)の二つの貌について述べた。二つの貌は、労働組織としてみると、「二種類の労働組織が対立し併存する」(有賀一九三八、四六五)ことを意味した。「一つは親方百姓の大きな労働組織であり、それは縮小されても猶奉公人を包む小さな大家族的組織をとるものであり、他は子方百姓の小さな労働組織であり…」(有賀一九三八、四六五)とされる。実際は、子方の小さな労働組織のみでは家計存続は困難であったから、親方への生活上の依存は続く。経済変動に伴う農業の変化が、親方の経営が必要とする労働力を減少させたり、子方の農業経営の発展を可能にしたりすれば、子方の親方からの独立は可能になる。また、経済発展に伴い非農業部門での就労や起業が可能になれば、子方は農業の労働組織は小さくとも家計を維持する目途がたち、親方からの独立が可能になる。しかし、それは簡単に辿ることのできるプロセスではなかった。従って「子方百姓の独立は事実上急速に且つ完全に成立することは難しく、多くは緩慢であり、且つ不完全にしか行われないのである」(有賀一九三八、四六五)。

その緩慢なプロセスが完成した時に隷属小作の貌は消え、普通小作になるのである。有賀が論じたのは、そのようにして成立した普通小作における地主と小作の給付関係(小作料納付)の基底には、隷属小作における地主と小作の給付関係(賦役提供)と同質な同族的身分関係が持続しているという推測である。

第五節　日本社会の社会関係に関する命題：社会関係における日本的性格
――不変の民族的性格――

(1) 社会学的観点を明言

五年後に刊行された『日本家族制度と小作制度――「農村社会の研究」改訂版――』においては、「小作制度は大家族制に於ける家内賦役制の内部解体の第一歩である子方の請負耕作に発する」（有賀一九三八、五二二）という仮説にもとづいて「社会学的立場」（有賀一九四三、一七）からの分析が、日本の社会と日本の家族に関して論じられた。

有賀は、冒頭で、「…方法論に関して明確に説明しておらぬ…」（有賀一九四三、三）と反省を示す。そして、「小作慣行を通して示される民族的性格は、単に経済事象や法律事象のみに固着しているのではなく、他の多くの科学的立場の存在に関する十分な理解を伴うものでなければ、経済事象や法律事象の究明さえ浅薄なものとする」（有賀一九四三、一六）と従来の研究一般のありかたを批判したうえで、「私はこれを社会学的立場において研究しようと思う」（有賀一九四三、一七）と宣言するのである。

(2) 家族制度の変化と小作制度の形成

家族制度の変化と小作制度の形成の相互関連を、次のように、有賀は捉えた。大家族（血族成員だけで構成する場合だけでなく非血族成員を含む場合も想定している）による経営から、分家が創出され同族団体へという家族制度の変化と連関して小作制度が形成される。

その形成のプロセスを三段階で述べている。

◆第一段階　小作制度形成以前――大家族における住み込み奉公人の賦役労働――

大家族は一つの労働組織であった。第三節でみた石神の斎藤家のオオヤと住み込み奉公人で構成される大家族はその事例である。第四節の第一のタイプの関連と対応させて理解できる。大家族の経営そのものは資本主義的な経済（外部経済）とのかかわりで営まれている。一方、住み込み奉公人は、オオヤの労働組織の一部であるが、資本主義的な経済（外部経済）とのかかわりは持たない。彼らは生存をオオヤによって保障され、換わりに、賦役（労働）を差し出す。このような大家族の生活がなされるのは、「厳しい生活条件」（本章第二節、第三章第二節参照）と説明される。すなわち、住み込み奉公人となった人々は独立した生活の単位となることが不可能だったという状況である。

◆第二段階　同族団体形成初期――賦役提供と小作料納付の併存――

この段階の特色は小作料納付がなされるようになったが、同時に、賦役提供もなされたことである。

「厳しい生活条件」が緩和に向かうと、名子が独立した生活単位となる可能性がもたらされた。第四節を参照すれば、第二のタイプの関連と第三のタイプの関連がこの時期の小作の状況を示している。現実は、一度に生活単位のすべての部分が完全に独立することは、不可能であった。本家（親方／地主）に依存を続ける部分も残った。そのかぎりで分家名子は本家（親方）の庇護のもとにある子方であり、庇護に対して賦役を差し出した。そして、同時に、小作として物納小作料を納めたのである。この場合は刈分け小作ないし検見小作と考えられる。

◆第三段階　同族団体の形成——物納小作料——

生活条件が変化し貨幣経済への依存が出現する。「厳しい生活条件」は弱まり、分家小作は独立した生活単位となることが可能となる。第四節を参照すると、第四のタイプの関連が小作制度の形成を示している。ここでは定免小作と考えられる。ここに、親方（本家・地主）と分家（小作）が構成する同族団体が形成されたことになる。小作農家の労働力のうち賦役労働に充てられていた部分は、賃労働へ移行して家族生活を維持することになる。

賦役は小作料へと変化していくが、基底に於いては、賦役提供の社会関係は存続したと有賀は論ずる。なぜ存続したのか。存続は、不変の民族的性格による。次項で、この有賀の推論を述べる。

⑶民族的性格

小作について、有賀は次のように把握している。身分関係に関しては、農村奉公人の分家を例に、主家との身分関係を次のように述べている。若いうちに両親が主人に頼んで奉公人にしてもらい、その後分家させてもらう。分家時の主家との身分関係は奉公人になった時にすでに示されている。小作関係に関しては、不平等として次のように述べる。相互に平等な場合は家族間に小作関係は生じない。最初から不平等であるとすれば、勢力ある家は他の家を小作とする。有賀は、身分関係や不平等を差異と把握する。そして差異を経済事象や法律事象としてのみではなく社会関係ととらえる。この農村生活における差異を性格付けるのが民族的性格である。有賀は、差異は民族的性格に規定されるととらえた。

では、民族的性格とはどのような内容か。日本の民族的性格が現象する場面として、有賀は左記をあげる。家に潜在。家の連合たる同族団体の中にも現れる。その象徴的に表現されたものは大家族。血縁・非血縁の成員を含める家の結合基準であるオヤ・コ関係、本家・分家の系譜関係に重なる主従の身分関係、これらの社会関係の性格を日本の民族的性格と有賀はとらえたのである[15]。

有賀の論述の中では、民族的性格は不変と措定されている。民族的性格は前代から「継受」されるのである。たしかに貨幣経済は著しく変化する。しかし、社会関係における性格の「脈絡」は保たれるとされる。有賀はこのような民族的性格に道徳規定の語をあてている。

行動に視点をおくと、民族的性格による規定が具体的に見られるとして、大家族における賦役、刈分け小作における賦役をあげ、有賀は次のように述べる。刈分け小作における賦役[16]は、「大家族形態における子方百姓の家内賦役の直接の残存であり、同族団体における親方に対する子方の奉仕として発生したものであるから、この社会関係の性格は日本の民族的性格によって規定されているものであって、労働地代とは全然異なるものとして存続してきたのである」(Ⅱ、五七八)。そして、検見小作、定免小作も破免に瀕した場合には刈分け小作に落ち着くところからみると、刈分けの展開したものと考えられるとする(Ⅱ、五八四)。民族的性格による規定は通底していると論ずるのである。

次に構造の視点である。日本の大家族の構造の特質について、有賀は次のように指摘する。まず第一に、非血縁の成員を含むということである。非血縁の成員と家長との間には一定の身分関係があり、これは前述のオヤ・コ関係である。第二の特質は、統合の構造である。内部に於ては家長に集中的に統合する。外部に対しては、上層の組織における首長に同族的性格(第四項で再述)を以って集中的に結合する。

社会関係の民族的性格は不変であると同時に遍在するとされる。「私は既に社会関係の民族的性格は民族生活に存するすべての社会関係に相互に浸透していることを述べておいたが、この性格は我々の民族生活のあらゆる部分に示されなければならない。…私が農村生活に於いて既に明らかにした如き性格が都市生活においても極めて顕著に見られる。単に都市の庶民生活に於ける同族団体というに止まらず、その生活の旧態を激変せしめて来た資本主義的経済組織の中にも、政治団体や教育制度の中にもそれがみられる」(有賀一九四三、七三一)。

(4)同族団体の外部に対する結合

同族団体がその外部の上層の団体と結合する時に、上層の団体とこの同族団体との関係は、家の内部に於ける家長と他の成員の結合、及び同族団体の内部に於ける本家と分家の結合に同じとされる。オヤ・コの縦の関係、すなわち、オヤはコに対して全的支配と保護と指導とに任じ、コはオヤに対して全的奉仕をなす道徳規定を以て結合するタテの関係である。「ヨコの連関は比較的緊密ではない」と有賀は想定している。

このような同族結合の階層的上向について、歴史をふりかえって、有賀は次のように述べた。村落の同族団体は村役人に結合する。村役人は大名に結合する。そして、「武家政治の首長たる将軍職は…天皇の御補任を俟たねばならなかった…」(有賀一九四三、七二五)。

「同族結合の階層的上向は…一点に帰さねばやまないというべきであり、その至上に天皇がましますのである」(有賀一九四三、七二五—七二六)。「明治維新に依って、皇政復古が実現され、国民は直ちに皇室に帰一した」(有賀一九四三、七二六)。この表現は「その結合の性格は、言葉の広い意味に於ける同族的系譜を辿るものであって、国民が天皇の赤子であるという表現の中に示される」(有賀一九四三、七二六)とされたのである。

(5)二〇年後の修正

一九六六(昭和四一)年から刊行が始まった『有賀喜左衞門著作集』の第一巻と第二巻は、『日本家族制度と小作制度――「農村社会の研究」改訂版――』(有賀一九四三)にあてられている。第一巻の序(新版の序)で有賀は「…旧作が復刻されることはうれしい。…すでにかなり古いものもあるので、…できれば根本的に訂正したいが、そういう訂正をはじめると、結局出版はできなくなるので、原文の論旨はそのままとして、ただ表現の不明確なところを多少修正し、文語的な文章を口語体にすることや現代かなづかいにする程度の改訂を加えることにした」と述べている。修正ではあるが、論述の異同とも考えることができる。

二種類の異同がみられる。第一種は時制の変更である。第二種の異同は論述の異同である。

第一種の異同である時制の変更は、昭和一八年版では現在形を用いていた箇所を過去形になおしている。例をあげると、

「斯くの如くして名子は初めて独立する」（昭和一八年）
「このようにして名子は独立したのである」（昭和四一年）
過去形を用いることにより議論の客観性を強めたといえよう。
第二種の異同は論述の変化である。論述の変化は三つのタイプに分けることができる。
第一のタイプの論述の変化は、用語の修正である。これは、表現を精確にし、誤解を避けようという目的であると思われる。論述の精緻化がめざされている。
一例として、血縁的分居大家族制に関する論述の異同をあげよう。
昭和一八年には（有賀一九四三、二八二）
「これらの分家が最初から独立した生計を営ましめる事のみを目標として行はれたものでない事は明かであり、それは本家経営の存続と発展のためにその部分の農耕者である分家を統制する形態であった。それが血縁的分居大家族制の存在し得る所以である。」
昭和四一年には（Ⅱ、二八一）
「これらの分家が最初から独立した生計を営ませることを目標として行われたもののないことは明らかであり、それは本家の存続と発展のためにその労働を提供する分家を統制する形態であった。それが血縁的分居大家族制の存在しうる理由である。」

第二のタイプの論述の変化は用語の付加である。例えば、民族的性格の遍在を論ずる下りでは昭和一八年には前述(七〇―七一頁)のように述べているだけなのに対して、昭和四一年には、農村生活、都市の商家の同族団体に加えて、具体的に、資本主義的経済組織、政党の派閥、テキヤ、博徒、政党院外団、国家の行政組織や企業経営体の新しい官僚機構の裏にある非公式の個人的関係や政党の派閥などを例としてあげている。このような用語の付加により、読者の理解を深めようという意図と考えられる。

第三のタイプの論述の変化は、用語の削除ないしは言い換えである。前項で述べた〈国民は天皇の赤子である〉という表現についてである。これを、昭和四一年には次のように言い換える。「国民が天皇の赤子であるいう表現は…家族国家のイデオロギーによるものである」。有賀の立場の明確化を意図したと考えられる。

本章の冒頭に引用した有賀自身の日本社会の社会関係に関する命題を筆者なりにいいかえてみよう。

農村生活に視点をおいて、生活の単位は家族(血縁成員だけでなく非血縁成員も構成する)ととらえる。家族制度が大家族制から同族団体へ変化するに伴って、小作制度が形成される。小作制度のもとでは賦役ではなく小作料を納めるようになる。しかし、変化しても、基底に於いては賦役の社会関係は存続する。存続は歴史的に不変な民族的性格／道徳規定による。すなわちオヤ・コ関係を軸とする社会関係である。また、民族的性格は社会的に遍在する。農村生活のみならず日本社会のあらゆる部分に示される。従って、オヤ・コ関係は日本社会の社会関係といえる。

注

1　第一章でみたように有賀の研究の幅は広かった。その中で社会学的研究はいつから浮き出てきたのかということはしばしば話題になる。主著の刊行年に、より体系的な社会学理論として確立されたという説（武笠俊一一九七九）。『農村社会の研究―名子の賦役』刊行の年に日本社会学会の会員になったのでこの年という説（黒崎八洲次良一九八六）。論文「名子の賦役―小作料の原義」発表時という説（平野敏政一九八二）。それぞれ意味がある。本書では、社会学的研究の方向性がさだめられた時点という意味で、論文「名子の賦役―小作料の原義」の発表を、社会学者有賀の出発と考える。

2　本項は次の文献に拠っている。毛利健三（一九七一）「ファシズム下における日本資本主義論争」長・住谷編『近代日本経済思想史Ⅱ：近代日本思想史体系第六巻』有斐閣。

3　「名子の賦役」を作業仮説としてとらえるという視点は、和田清美によっても呈示されている（北川隆吉二〇〇〇年所収）。また、仮説と明言はしていないが、米地（米地一九八六）は、「名子の賦役」は『日本家族制度と小作制度』に至る始点と指摘している。

4　なお、有賀の調査時には「近年はあまり振るわない」（Ⅲ、一五七）と指摘されている。その後については、第三章第二節を参照。

5　昭和九年（Ⅲ、五四）。ただ、昭和一〇年にかけて家族規模は減少した。当主家族から一名婚出した。召使の中からは一名が婚出、四名が他出。一方で、召使家族に子どもが一名誕生した。当主家族は一二人になり　召使家族は九人、あわせて成員総数は二一人になった。

6　例をあげるなら、橋本佐太郎の祖父は中佐井より来て大屋の召使となり分家させてもらった。佐太郎（長男）自身も大屋の召使となり分家させてもらった。佐太郎の弟である鉄五郎は大屋の召使となり昭和八年に分家させてもらい名子となった。

7　屋敷名子は外来者の木挽き職人などが大屋から屋敷を借用することにより名子になったもの。また、作子は屋敷以外の土地を借りて耕作する場合であるが、石神においては、作子は元は分家名子であったものたちである。従って、屋敷名子も作子も大屋との関係は分家名子／別家格名子と同一ととらえることが出来よう。

8　暮にはオオヤから名子へ歳暮として塩引き一本と障子紙一帖を与える。明治期までは名子からオオヤに藁草履二、三足を持参した。

9　そのことはこの文献の仏語タイトル　*L'Évolution Social de la vie Rurale au Japon Moderne*〈近代日本の農村生活における社会的発展〉からも読み取れる。

10　事例は石神のように有賀自身が現地調査をした事例、郷土史家などの文献、宮本常一などアチックミューゼアムの同僚にデータを提供してもらった事例、そして既存研究文献から得られている。

11　二点注記したい。有賀がこの著作で用いている家族という用語には、二つの意味で留意が必要であるという点である。一つ目の留意点は、ここに至って、有賀が分析の中に家族を要素として明確に位置づけたことである。考察の展開の軸になったといえる。「農村に於いて家族制度から離脱した農業制度はなく、一般的に見るも社会制度としての家族制度の本質を正しく把捉しなければ一切の社会関係に関する理解は得られないと考えられる」（有賀一九三八、一三九―一四〇）。二つ目の留意点は、しかし、有賀がここで家族としている概念の内容は、現代社会学において一般的な家族概念とは一致しないということである。この点については、第三章第二節でふれる。

12　有賀のここでの論述は整合性を欠いているようにみえる。実は、「大家族形態をとらない」というのは〈開発者の家族は大家族形態の同居は示さない〉という意味である。

13　実際は、地方ごとに固有の名称があったのであり、有賀は五七を確認している。

14　有賀は『小作慣行調査』（大正一〇年）などにより刈分け小作の事例をピックアップしている。全国的に分布しているが、事例数はすでに少なくなっている。背景には交通の改善、貨幣経済の確立があるとされる。

15　繰り返しになるが、ここでいうオヤ・コという言葉は生理的関係ではなく系譜的関係を意味している。

16　例えば、小作料の収納に結合した運搬などの労役（Ⅱ、五七二参照）。

第三章　日本社会の生活組織

第一節　本章の目的

前章で紹介した論考群が発表されたのと同時期に、併行して発表された論考群がある。「早川君の『花祭り』を読んで」、「不幸音信帳から見た村の生活」、「村の記録」、「予祝行事」、「イロリ雑考」、「さなぶり」などである。有賀は、「…これらは昭和八年に『社会経済史学』に載せた「名子の賦役―小作料の原義」と表裏をなすもの…」（V、一二）と位置づけている。

これらの論考群は日本社会における生活維持の仕組みを生活組織という概念を用いて把握しようとしている。「…経済のみならず、信仰祭祀にも、道徳にも、言語にも、住居にも、慣習法にも、何にでも、彼ら（＝農民）の創造した生活組織が顕れ、これによって運営されている姿を捉えることが非常に大切だと考えるに到った」（V、一三）。そして、生活組織を「生活の中に網の目のようにはりめぐらされている仕組」（V、四）とも表現している。本章では、日本社会における生活維持を把握しようとする有賀の枠組について述べていく[1]。

最初に、第二節で、生活単位を家と措定する有賀の議論を把握する。まず、有賀による家把握の論点と視点を確認する。次いで、『日本の家族』（一九六五年　至文堂　日本歴史新書）に拠り、「日本社会においては、家族は家である」と規定する有賀の議論を述べる。構成の特徴、生成と政治的・

経済的・社会的条件及び結合の表象としての先祖についてである。そして、戦前・戦後を通じて石神の斎藤家がたどった途についての、この枠組からの論述を紹介する。家は変化しつつ持続するという議論の呈示である。

続いて、第三節において、日本人がどのようにして生活を維持したのかについての考察をたどる。第三節(1)は、「生活の維持」のメカニズムを全体的相互給付関係とした、有賀の、戦前からの論述を紹介する。これらの論考群で有賀が焦点をあてているのは、庶民すなわち中層の農・漁村家族である。

庶民の生活維持にかんして、最初に、「不幸音信帳から見た村の生活」(『歴史学研究』第二巻第四号一九三四、Ⅴ所収)により、生活単位がその成員を失う葬送についての論述を紹介する。香奠に焦点をあてて論じた、相互扶助と生活組織に関する把握である。

次に婚姻である。「若者仲間と婚姻―村の生活組織に関連して」(『社会経済史学第四巻第五巻一九三五、Ⅵ所収)と「結納と労働組織」(『社会経済史学』第六巻三号、四号五号一九三六、Ⅵ所収)の論述をたどり、労働組織・生活組織の持続という観点から、有賀が婚姻習俗をどのように把握したか示す。農村・漁村が場面である。有賀は、「…庶民において婚姻の成立する過程とその基礎たる村の生活組織に関して眼を注がねばならない…」(Ⅵ、三一)という視点にたち、結婚を生活単位と生活単位のあいだの労働力の交換ととらえる。婚姻の成立は、生活組織と労働組織の持続を前提しているると同時に、集落の(村の)階層構成の維持と相即しているとされる。

ついで、生活の基盤である農業生産における生活組織を有賀はどのように把握したか示す。「さなぶり」(『民族学研究』第四巻一九三八、Ⅴ所収)、「予祝行事」(『民族学研究』第一巻一九三五、Ⅴ所収)、及び「早川君の『花祭り』を読んで」(『旅と伝説』第三巻九号一九三〇、Ⅴ所収)の論述をたどる。田植行事サナブリは田植の終了とともに行われる。田植は、その年の稲の収穫に決定的な影響を持ち、稲作のサイクルの中で、抜きんでて重要な作業である。サナブリは、田植という作業の終了時の祭祀である。有賀はサナブリの本質は稲の実りを祈念する宗教行事という点にあるとした。地域によってサナブリのありかたは多様であるとしても、全体としてみれば、生活組織と祭祀組織によって表出され、親方・子方の上下関係がはたらく。祭祀は社会構造に対応しているのである。

これらの「生活の維持」にかんする危機的な(critical 乗り越えるべき)契機(event)を場面とした論述は、維持において通底する要素を示していた。しかし、執筆当時は、それらを総合した議論にはいたっていなかった。その「通底する要素」に関する論述が展開されるのは、戦後になって発表された論文「義理と人情―公と私―」(『現代道徳講座』第三巻)一九五五、Ⅳ所収)においてである。第三節(2)で紹介する。生活組織を規定している生活規範についての考察である。日本社会における親子関係、主従関係（上下関係）にみられる生活規範を公と措定し、公には上位優先の原則があるとする。そして、上位優先となる根拠として、日本人の民族的性格に通ずる、上位に守護を乞う特性をあげるのである[2]。

第二節　生活単位

(1) 家

a. 生活保障

まず、有賀がどのように家を把握していたか、原型となった概念規定を確認したい。戦前、『日本家族制度と小作制度―「農村社会の研究」改訂版―』の完成にいたる考察においてである。家の概念を次のように規定したと確認できる。家は、厳しい生活条件の村落で生きる人々の、公（上位依存）の生活規範に則った、生活保障の単位であり、全体的相互給付関係を示す。

確認の第一は、家は厳しい生活条件のもとにあったという論点である。有賀が厳しい生活条件としてあげたのは、耕地不足と交通不便による孤立である。耕地不足のため、労働力は余剰であったが、農業生産の条件は不十分であった。交通不便であるため、余剰の労働力の農業以外の産業における就労など、現金収入稼得の途は閉ざされていた。生存のための糧を得るには厳しい状況に村落の人々はおかれていた。

確認の第二は、全体的相互給付関係という視点である。厳しい生活条件のもと、全体的相互給付関係というしくみが、生存を可能にした。村落を構成した家々の耕地規模は大小あった。耕地規模の小さい家は、成員の生存のためには、耕地規模の大きな家の労働組織に加わって、生活の糧を維持した。耕地規模が大きく、経営の大きな家は、大きな労働組織を必要としたから、その維持のために耕地規模の小さい家から賦役を得、また、子供を召使としてひきとって養育したのである。規模の小さい家の生活の維持には規模の大きな家の経営が前提となる。この相互依存関係は、一九三〇年代当時、有賀は明確に断定はしていなかったが、彼が研究の初期以来ふれてきた、モースの呈示した全体的相互給付関係を示している。

確認の第三は、上位依存の生活規範という視点である。右の全体的相互給付関係を支えているのが、「公」の生活規範である。家の内部においては、家を維持する義務を負うあととり(多くは長男)とその他の成員との間には、明確な上下の関係があった。あととりを上位とし、その他の成員は上位に依存した存在として生きることにより、厳しい生活条件のもとで生き延びていくことができたのである。大規模な家と小規模な家との間の、オヤ・コ関係と称される関係も同様である。相互の取引ではない。下位である小規模な家が上位である大規模な家に依存する「上位依存」の関係である。

以上は、有賀による、いわば原型というべき家の概念規定である。現実の日本社会（例えば江戸期から昭和戦前）を思い浮かべてみると、厳しい生活条件には、実際には、地域により差があった（第二章第四節参照）。ヴァリエイションがあったのである。農業生産の条件が充分な村落もあったし、農業以外の産業から現金収入を得る可能性がある村落もあった。厳しい生活条件がゆるやかな場合には、耕地規模の小さい家も、自ら、生存の自立性を探った。そうなると、経営の独立性が得られ、大規模な家の労働組織に加わる必要がみられない。また、そのような条件のもとでは、しばしば、大きな規模の家が必要とする労働組織の規模は右に想定したほど大きくはない。ヴァリエイションは、前章の第四節で述べた、小さい家が大きい家の労働組織とかかわる際のパターンと対応させて理解することができる。

次に、戦後、有賀が付け加えたテーマを確認したい。第二次大戦後、日本社会においては、家に関して否定的な議論が大きくなった。封建的であるという評価である。長男の権利が、次三男や娘たちより不当に強いと批判され、家を基盤とする日本農村の「封建性」が指摘された。このような批判に鑑みて、有賀は二つのテーマを提出した。第一のテーマは過小農的地盤。第二のテーマは政治的経済的条件である。いずれのテーマも、右の概念規定の中の「厳しい生活条件」という論点に対応する。

まず、第一のテーマ、過小農的地盤である。これは、日本農業の基盤は家をおいてないという議論の提起であり（一九四七「農業の発達と家制度」『地上』一二月号、IX所収）、過小農的地盤という生活条件には家が対応せざるを得ないとする。「過小農が問題であることを見抜いた抜本的政策をしなかった」（IX、一一七）政策過程に基因を求めるのである。この論文の発表は一九四七年、農地改革の開始後すぐである。その時点で、有賀は、「農地改革は過小農的地盤の問題に全然触れていない」（IX、一一九）と見抜いた。

次に、第二のテーマである。「家族の生活を保障する役割」を家が持っているのは「政治的経済的条件」に由来するという議論である（一九五五「家制度と社会福祉」『社会事業』三八―九、IX所収）。有賀は、封建社会、明治維新以降、戦後と三つの時間を設定して論ずる。封建社会においては、「社会政策の極端に貧困な政治・経済的条件」（IX、一三二）のもとでは、武士の家も庶民の家も生活保障の単位とならざるをえなかった。明治維新以降も、「家は古い家の連合体から多分につきはなされても、それに代るほどの堅実な個人主義経済が成立したのではなかった」（IX、一三七）ため、「…家は中途半端な経済組織の中におかれたので、或る意味ではその生活を前より一層裸にしたといえる」(Ⅸ、一三七)。戦後、諸制度が改革され、家制度は「今日はすでにかなり変化した」(Ⅸ、一三八)。しかし、「家が家族の生活保障をする役割を大幅に持たされているのだからどうしようもない」(Ⅸ、一三八)。

有賀は以上の展開をふまえた報告をもって国際会議に参加した。一九五六(昭和三一)年であった。アムステルダムにおいて開催された国際社会学会(ＩＳＡ)の第三回世界会議に参加する機会を得(第一章参照)、三篇の論文を報告した。「アジアにおける家族の諸問題」(Problems of the Asian Family System)では、アジア諸国において家族は生活の単位であり、家長の方に重い責任がかかっている。社会政策の効率の低さと不備が要因と問題を設定。次に、「日本・中国・朝鮮における家族についての序説」(Introduction to the Family System in Japan, China and Korea)において、家族制度が生活保障に大きく関与するという共通の構造を指摘。その中の日本の家族について論じた「現代日本における家族の変化」(Contemporary Japanese Family in Transition)は、「家産」に焦点をおいて論述した(Ⅸ所収)。

b. 血統は第一義ではない

読者はすでに気づかれたと思う。有賀の論述には、家と家族が混在しているように見える。

日本社会の社会関係に関する理論の核となる概念は家である。一方で、具体的な生活の論述には家族を用いている。国際社会学会で発表した英文論文のタイトルにはFamilyを用いている。それらの論文で日本の家族の変化について論じているが、それは、家の変化に他ならない。有賀の論述の中では、家と家族は、置換可能なのである。

ここで、一つ問題が生じる。有賀が家と置換可能な概念として用いる家族と、家族を研究する社会学者にとっての家族概念とは、ずれていたことである。

有賀より一〇歳年長の戸田貞三は、有賀を学会参加へ誘った社会学研究の先輩であり、第二次大戦後に有賀がはじめて教育職を東京大学に得た際には文学部長の役職にあった。

有賀の尊敬する戸田ではあったが、戸田が一九三七年に刊行した主著『家族構成』については、有賀は批判的であった。

戸田は、一九二〇(大正九)年に実施された第一回国勢調査の対象世帯のうち千分の一抽出した写しを資料として、家族構成の統計的分析を試みた。「家族は夫婦・親子ならびにその近親者の愛情にもとづく人格的融合であり、かかる感情的融合を根拠として成立する従属関係、共産的関係である」(川合二〇〇三、六九　重引)と定義し、親族関係にある成員をその他の成員と分けて集計分析した。そして、①非家族的生活者の増加、②家族員数の少数化、③家長的家族の変化、④二世代以内の家族が一般的となり三世代家族は三割という分析結果を示した（川合二〇〇三、六五　重引）。画期的かつ貴重な研究業績であった。

しかし、有賀は次のように主張した。「戸田によって規定された家族は親族世帯に限定されたが、一九二〇年代において家が親族世帯として構成されていることの多かったことも戸田によって価値深く証明された。しかし家の基本的な性質は、それが親族世帯によって構成されていても、それ以外の人々が世帯に含まれていても基本的にはなんら変わりのなかったことに注目しなければならない。戸田は…世帯のうちから欧米家族と共通の要素を抽出する方法によったが、世帯が家に規制されて存在した限り、このような抽出は日本の家族を十分に理解する手段となったであろうか　私は疑っている」（「家族と家」『哲学』（三八）三田哲学会一九六〇、Ⅸ　一二三）。この波線部（波線引用者）が、有賀の研究枠組に基づく主張である。家は、生活（労働）の組織であり、血統（系譜）が第一義ではないという見解である。

有賀と同年齢の喜多野清一が、右記論文に対する批判を、「日本の家と家族」（喜多野一九六五）で示した。彼は家を、「社会集団としての一般的な家族の日本における歴史的形態と考え、家族一般との関連において、その類型的位置づけを問題」にする（古川彰一九八四）。これに対して有賀は、「家族理論の家への適用―喜多野清一氏の「日本の家と家族」を読んで―」（一九六八『社会学評論』第十九巻第二号、IX所収）で、家を生活（労働）の組織ととらえる自説を確認した。「これらの条件（小規模な経営組織、雇用少なく、政治的支配強力、社会政策貧困）は、日本社会において家を生活単位としたばかりでなく、家業や家産の運営によってこれを維持し、これを永代に存続させる必要を生ぜしめるという現象となって現れた。そして政治も、その支配体制の中で、家をこのようなものとして取り扱って来たことは、少なくとも奈良時代からすでに生じていた」（IX、六四）。有賀は、あくまでも、家＝家族＝生活保障の単位　という規定にたっているのである。この規定にたつ議論を、次項で述べよう。

(2)日本では家が家族

「日本社会においては、家族は家である。」こう規定する有賀の議論を、昭和四〇（一九六五）年に出版された『日本の家族』（日本歴史新書、至文堂）に拠って、把握しよう[3]。

a．家の構成の特徴

『日本の家族』の第一章と第二章で、有賀は、日本の家族を論ずるにあたっての前提を二つ設定する。第一の前提は、家族とは通文化的な概念で family に対応するという設定である。第二の前提は、家族は、日本では、家であるという設定である。

有賀は、家／家族は全体社会の性格によって規定されると考えるから、第二次大戦後の政治的・経済的・社会的条件の中で家は変化したことを認める（有賀一九六五、二六）。しかし、彼が執筆している一九五〇年代の時点では、「家は根本的にはまだ崩壊していないと私は見る」（有賀一九六五、二八）と議論の前提を設定するのである。

「日本において実際に存在したものは家である」（有賀一九六五、六二）という洞察を有賀にもたらしたのは次の観察である。「家の大部分は親族世帯から成っていたが少数のものは親族の外に非親族を世帯の内に含めていた」（有賀一九六五、六二）。少数の事例、マージナルと見える事例を、視野の外に置くのではなく、ユニークな事例としてとりあげ、分析することにより家の構造と機能の議論につなげたのである。

実際に存在した家の構成と特徴は差異を示していた。有賀は「日本の近代に存在した家を…並べて比較」し、次の四タイプを析出した。すなわち、「親族のみを世帯の構成員とする家」「巨大な親族世帯」「他の大きな親族世帯の家」そして「非親族を含む大きな世帯の家」である。

第一のタイプは「親族のみを世帯の構成員とする家」（有賀一九六五、六六―七二）。

有賀はこのタイプの家を二つに分けている。一つめは、直系親族のみで構成している家。「通例最も多くみられた」(有賀一九六五、六七)。二つ目は、直系親族の外に傍系親族を含んで構成している家。嫡系の長男夫婦とその子どもだけでなく傍系の次男夫婦とその子どもも含んでいる家。

第二のタイプは「巨大な親族世帯」(有賀一九六五、七二―八八)。

事例としてあげられるのは白川村遠山家で、大正九年の国勢調査によって明らかにされたデータである。成員二九名であるが、嫡系成員五名に対して傍系成員が二四名、世代構成をみると、四世代にわたっている(有賀一九六五、七三)。特徴は、①嫡系成員にだけ夫婦関係がある。②傍系成員のうち女性は子どもがある者がいる。夫はいない。③傍系成員の構成が複雑。

第三のタイプは「他の大きな親族世帯の家」(有賀一九六五、八八―一〇〇)。

「嫡系成員が夫婦関係を持って、家を嗣いで行くのは変わりはないが、傍系成員も適齢期に達して、結婚し、世帯主夫婦やその子供と共に、同じ家に同居し、比較的長い期間おなじ家の成員として生活する」(有賀一九六五、八九)。この形は東北地方に多く残ったとし、青森県三戸郡の野沢家を事例として挙げている。昭和一五年八月には有賀自身も調査した現況である。

第四のタイプは「非親族を含む大きな世帯の家」(有賀一九六五、一〇〇―一二〇)。

事例は、有賀の研究の対象である、岩手県石神の斎藤家である(第二章第三節参照)。

昭和一〇年の調査に基づいて論じられている。二一名からなり、非親族の召使夫妻たちは家の成員とみなせる理由を有賀は次のように論ずる。「…家の財産の一部に対して予定の権利をみとめられ、家の生活における地位は低かったが、生活の共同の目標の達成に対して参加し、それに関する一定の権利と義務とをそれぞれの役割を通して持つことにより家の成員であった。…傍系成員の一種と見ることが正しい」(有賀一九六五、一〇八)。

第二、第三、第四のタイプの家を並べたことに関して、有賀は、「…そういう特殊な条件にある家の、ある一つの局限的状態を示すことによって、通例の(親族世帯から成る)家においては明らかにならないことが明らかにされるという特点を持つからである。特殊なものを一般化して主張しようというのではない」(有賀一九六五、一二六)と述べている。先に述べた、「ユニークな事例」に注目してとりあげるという研究姿勢がなしたことなのである。

四つのタイプを比較し、共通点を二点析出している。これらが家の構成の特徴を示す。

まず、第一に、四つのタイプに共通しているのは、家の成員は嫡系成員と傍系成員に分けられることである。有賀は言う。「家はその成員の生活保障を担う最後の堡塁であったにもかかわらず、一般にはそのすべての成員の生活を同じように守る力がなかったので、嫡系成員と傍系成員を区別しなければならなかった…」(有賀一九六五、一二八)。嫡系成員(家のあととり)が家産の大部分と家の管理をすることは、不十分であっても成員の生活保障のために必須であった。近親傍系成員は家産の一部にかかわり、分家財産を得て分家することが予定されていた。ただ、本家は社会的地位が高く、分家の社会的地位は低いという、社会的地位の差は明確であった。中・下層の家の場合には、傍系成員は分け前がきわめて少ないか、もしくは、全くなしに家を出ることが多かった。

家における嫡系成員と傍系成員との身分関係は、「血縁・親族関係を規準にするのではなく、家という集団の存続を担う役割の区別を規準にしたものであった。嫡系成員はその主役を担い、直接に家の存続に寄与する人々であった」（有賀一九六五、一二七）。家長は家生活の管理的役割を持つ最高責任者であった。傍系成員は、やがて家から出る存在であり、家長の指揮下で、与えられた仕事を分担した。管理的権限を持たなかったので、彼らの地位は低かった。

家をついだ嫡系成員と、家を出た傍系成員との社会関係は同族団の構成につながる。女性成員は婚出。男性傍系成員は、いくらかの財産を分与されて分家を創出した。嫡系成員がついだ家は本家である。ここに、本家を中心とする同族団が構成される。本家と分家との間の、管理者・統率者としての本家と従属者としての分家という社会関係は、家と同じ社会的不平等の構成をもたらした。有賀は、同族団が、「…家の生活の地盤ともなってきたのは、ある時期まで、ないしはある条件においては派閥として、基礎的な政治勢力の集団ともなってきたことを見逃すことはできない」（有賀一九六五、一三〇）と位置づけ、「ある時期」というのは「大正期ぐらい」としている。

第二の共通点は、有賀が比較した四つのタイプの家族は、いずれも、農村家族であることである。この時までの有賀の議論は日本の農村社会を念頭においている。「家はその成員の生活保障を担う最後の堡塁」という論述は、農村の生活場面に合致する。家／家族の機能は生活保障・生存保障ということになる。日本社会において第二次産業、第三次産業の展開をみたあと、家／家族だけが生活保障の機能を持つわけではないことは明白である。しかし、有賀は、この時点までの彼の数十年にわたる研究活動を通して、農村社会が示す家が、日本社会における家族の原型と想定していたのである。

同時期に発表した随筆の中では、次のように述べている。「…経済の規模もまだ十分に大きくはなく、福祉国家の理想もまだ実現せず、微々たる社会保障の条件の中では、新しい一夫婦一家族でも、変化した家でも、その成員の生活保障の最後の堡塁としなければならない必要がまだ大いにあるといえましょう」（「結婚と家・子供・社会」一九六五　石垣純二他編『健康な新家庭』社会保険法規協会　Ⅸ所収）。

b．家の生成と形成

『日本の家族』の第三章古代の家と第四章戦国時代の家。この二つの章は、それぞれの時代の政治的・経済的・社会的条件が、家を生成し、家を変容させたという指摘にあてられている。

b-1　政治的条件による家の規定――奈良時代を事例に――

第三章で古代の家について考察するにあたって、有賀は論述の舞台を奈良時代に設定する（有賀一九六五、一六二）。この時期、家を規定した政治的条件は公地公民制であった。

公地公民制のもとでの、「…生産物貢納とその輸送がいかに人民の大きな負担になっていたか推測できる」（有賀一九六五、一六五）とし、この外に、徭役（労役負担）（有賀一九六五、一六八―一七〇）もあったと指摘する。有賀は、「…以上概観したような政治的条件が家の形成に反映していないわけはないと思われる」（有賀一九六五、一七一）と推論し、「政府の強烈な収奪に対する人民の反抗は、一応は労役の忌避や逃亡の激しさによって示された」（有賀一九六五、二〇二）と反逆が根強かったことを指摘した。有賀が注目したのは、その一方での「陰秘な反抗」（有賀一九六五、二〇二）である。「それは政府の租税体系からそれ自身を守ろうとする家や家の集合体ないしは村の形成であった」（有賀一九六五、二〇二）。

奈良時代後期には、家は変容しはじめた。公地公民制が崩壊し、庄園・名田制による庄園の変革が律令体制の終末を示した（有賀一九六五、二一一）。この時期の家に関して、有賀は二点をあげる。第一点は、郷戸の分解。郷戸の下部単位として生存してきた房戸が自立しはじめた（有賀

一九六五、二〇九)。第二点は、土地が家産として意味を持ちはじめた(有賀一九六五、二〇九―二一〇)。家の変容なのである。

b-2　土地制度と家

第四章戦国時代の家では、「戦国時代の家として辺境地帯の家をとりあげる」(有賀一九六五、二一五)。伊予国(愛媛県)宇麻郡上山村の豪族日野豊田家である。日野豊田家初代から十代まで、一六世紀から一八世紀半ばにかけて二〇〇年余が述べられる。この事例は次の文献の資料に拠っている。

西岡虎之助「近世庄屋の源流」(一九五三　昭和二八年『荘園史の研究』上巻　岩波書店所収)、(昭和一三年同名論文『史学雑誌』四九巻二・三号)。

西岡の文献の資料に拠ってはいるが、有賀の視点は社会学である。土地制度と家の規定関係に視点がおかれる。

日野豊田家が、「土地権利の存在形態」(有賀一九六五、二三六)の変化に対応して、戦国時代から江戸時代にかけての二百年余のあいだにたどった途をみる。地方領主であったが、地頭職に据え置かれ、次いで諸士格に下げられ、さいごには百姓の地位に落とされたのである。

ところで、上山村は山村で、「広い山野の可耕地」(有賀一九六五、二三二)があった。右で述べた、権力からの土地の宛行のほかに、もう一つ、開墾による耕地の拡大の可能性という側面もあった。日野豊田家の農業経営はどのようなシステムで展開したのか。初代光朝が入封した時、随従した郎等は二三人。「武士であったし、農業経営もした」(有賀一九六五、二二四)。約百年後、六代種義の代になると、「…家来すべて百十三人に及んでいたのは、入封以後開拓が進んで、各名にそれらの家来のうち有力なものを居住せしめ、恩給としてこれらの名を支給したとみることができる」(有賀一九六五、二二四)。七代種正の代には上山村の名主数は二一名に増加した(有賀一九六五、二三〇)。

この後、庄屋役を離れる時期が来るが、分家(親族／非親族)の創設を続け、農業経営としては、維持展開した。「…親族末家を分支して、それを強くつかみ、その外に非親族末家の分支によって、同族団を強化し、自衛集団として固めようとした」(有賀一九六五、二三八)と有賀は解釈している。

c. 家の結合の表象――先祖――

右にみた愛媛県上山村の日野豊田家は、土地制度の変遷にさらされ、地方領主であったものがやがては百姓へと二〇〇年の途をたどった。しかし、家・同族団として農業経営を維持し、家として存続した。存続を可能にした結合の表象(シンボル)は、本家であった。『日本の家族』の第五章先祖の観念では、有賀は、結合の表象として、先祖を論じる。

先祖としてとらえられるのは、系譜的先祖である。有賀は「二重の先祖」という切り口から、血統的先祖と系譜的先祖の二つの概念を区別する。二重の先祖とは、「…個々の家が、その家自身の先祖を持つと同時に、その家の出自を示す先祖を持つことを示すものであった」（有賀一九六五、二五八）。前者は、「現実の家の共用関係（互助関係）に結びつくものであり」（有賀一九六五、二五八）、有賀はこれを血統的先祖と位置付けた。後者は、「現実の家の共用関係とは結びつかないが、これを強くまとめる作用を持つ」（有賀一九六五、二六〇）とされた。これを、有賀は系譜的先祖と位置づけた。

有賀は系譜的先祖を結合の表象として論じていく。天皇家の例を引いた有賀の説明をみよう。

「…古代の氏の氏神を見ると、その祭神は氏の出自としての先祖を主としたものであった。天皇家が天照大神を氏神として祭ったことは、その代表的なものであって、それは初代としての神武天皇と区別された先祖であったから、血統的先祖を意味するものではなく、出自の先祖であった。…血統を超えた守護神であり、むしろ系譜的先祖というべきものであった。古代の氏の氏上が古いカミガミをその家の出自としていたのは、すべて同様の意味を持っていた。これをシンボルとして氏の結合を示していた」（有賀一九六五、二六七）。

有賀の分析の核となったフィールドである岩手県石神の事例を見よう（第二章参照）。

名子（分家）とオオヤ（本家）との間は、共用関係・互助関係が中軸であり、名子（分家）にとって、いま現在のオオヤは血統的先祖である。同時に、名子（分家）はオオヤの住居に集まって年中行事に参加することが多かった（有賀一九六五、二五二）。このことは、オオヤの代々の先祖は名子（分家）にとっては系譜的先祖であることを示している。

本末の系譜関係が観念されるのは、家の出自の観念が重要視されたからである。そして、本家・末家の間には「本家はそれによって自家の権威づけを行い、末家はこれによって本家について安全を確保しようとした」（有賀一九六五、二六五）という関係が維持されていたとする。

系譜的先祖は守護神であり氏神であった。そして、有賀は、「日本のカミは基本的に集団の守護神であった」と前提し、「家のカミは…家の生活領域の守護神であった…むらのカミは…村の生活領域の守護神であった」（有賀一九六五、二七〇）ととらえる。先祖は守護神であり、家の、村の、結合の表象ととらえられるのである。

先祖に対する祭祀は複合的であるとするのが有賀の見解である。まず、正月行事と盆行事は基本的に類似していると有賀は指摘する。そして、この類似は、「…氏神信仰の地盤の上に仏教がとり入れられたことによって日本人が創始した風習とみたい」（有賀一九六五、二六七）と論が進められる。「日本の民衆仏教では…（ホトケは）家の守護神の意味となった。それは仏教伝来以前に先祖にはこの意味があったことを示している」(有賀一九六五、二六七)。「仏教による死者の供養を経た先祖にホトケの名が与えられて、仏教供養の外にある先祖(カミガミ)と区別されるに至った…」(有賀一九六五、二六七)。同じ家の中にカミガミとホトケを祭祀した(有賀一九六五、二七二)のである。個々の家の守護神として神仏が祭祀されている(有賀一九六五、二七二)ことになる。

(3)家は変化し持続する――斎藤家の事例――

a. 石神・斎藤家の三〇年

有賀の家に関する論述は、岩手県石神・斎藤家に遭遇して、観察し、分析し、洞察して得た知見が基盤として大きい。有賀の石神訪問は、前後四回にわたっている。第一回は、一九三五年夏、および一九三六年の秋から翌年にかけて。第二回は一九四〇年一一月。第三回は一九五八年。第四回は一九六六年。

第一回の調査で得られた報告が、第二章で紹介した『南部二戸郡石神村に於ける大家族制度と名子制度』である。第三回の調査の報告は、「大家族崩壊後―南部二戸郡石神村―」(昭和三十三年五月『信濃』十巻第五号、松本信濃学史学会)として発表され、のちに大はばに改変されて、著作集第三巻後篇一として収録された。第四回の調査の結果は同じく著作集第三巻に後篇二として収録されている。

ここでは、右記三文献に拠って、四回の調査を通じて有賀が事例として把握した斎藤家の三〇年間をたどる。斎藤家の三〇年は、家は変化しながら存続する事例である。昭和一〇年代に、大家族が解体し、江戸期以来の漆器業は廃業、地主経営も破綻に向かった。あとつぎの長男が亡くなり、次男は兵役に出た。まさに、家解体というべき事態であった。しかし、その時点で、斎藤家は自営農家として存続していくべく挑戦する。家屋の解体・新築は、その気概を示している。しかし、続いての農地改革では、江戸時代以来の経営の基盤を大いにゆるがされた。それでも、所有耕地、所有山林などの規模は石神の中では抜きんでていた。昭和二二年以降、この資産をもとでとして、兵役から帰ってきた次男を軸に、斎藤家は家としての存続を続けたのである。それは、変化しながらの存続であった。

大規模経営　大家族　昭和一〇年(一九三五年)

昭和一〇(一九三五)年、第一回調査時の大屋斎藤家は、大家族で構成されていた[4]。当主善助夫婦、長男夫婦と孫一人、未婚の子ども(男性三人、女性二人)及び善助の母と姉の血縁成員が一二人。これに、召使二家族九人。二一人が同居する大家族であった。経営は、田五町余、畑一二町余、山林百二〇町余を所有し、漆器業を営んでいた(第二章四九—五〇頁)。

経営の弱体化　大家族解体　昭和一四年(一九三九年)〜二〇年(一九四五年)

昭和一四年に漆器業を廃業した。漆器業は、江戸末期以来、オオヤの経営の重要部門であったが、昭和一〇年以降は、原材料の確保困難、工賃高騰、売れ行き不振となっていた。農地も縮小させはじめた。まず、名子たちに与えていた「役地」[5]を処分することにした(Ⅲ、三八二)。また、小作地も一部は売却した(Ⅲ、三八二)。

大家族は解体した。昭和一四年、同居していた召使家族が離家した。一家族は石神の村内に分家した。もう一つの家族は、漆器の塗師であったが、青森市に出て塗り下駄屋を開業した。昭和一四年当時の家族構成を、有賀は「血縁の家族員六名の小家族となった」(Ⅲ、三六二)と報告している。当主善助夫婦、長男夫婦と孫二人であった。その後、昭和一九年に、長男が亡くなり、当主善助夫婦、長男の配偶者と孫二人というさらに小規模な構成になった。ただ、昭和二〇年には三男と四男が帰村し、経営を担当するようになった。

大屋は弱体化に単に受身だったとは言えない。昭和二〇年、旧い家屋を「某兵器工場」に売却し(Ⅲ、三六二)、新家屋を建てたのである。同時に、新しい複合的な農業経営に対応するよう宅地内の建物の配置を工夫した(Ⅲ、第八図新旧建物配置図)。

農地改革　昭和二二年(一九四七年〜)

農地改革において、「大屋の解放した小作者は二二人に及び、その面積はおよそ五町歩であった」(Ⅲ、三八九)。大屋に残された所有地は、田一町余、畑二町余(Ⅲ、三八九表一六)。これは、昭和一一年の約二〇%である。一方、「農地改革によって旧名子層の所有が一躍増加したことは事実である」(Ⅲ、三九〇)。

山林は農地改革の対象には入っていなかった。しかし、荒沢村農地委員会は、「山林を開墾地として開墾申請者のために広汎に買収解放することに異常な熱意を示した。」(Ⅲ、三九三)また、「…農地改革の過程において急激に増大した村人の土地への欲望」(Ⅲ、三九四)は、開墾地の買収運動につながっていった。しかし、大屋は、石神で開墾地買収申請の動きが始まるのに先んじて、昭和二三年の初めまでには、所有山林の相当部分を売却してしまった。

家族再構成　経営の革新　昭和二〇年代(一九四五年)～昭和三〇年代(一九五五年)

当主善助の次男が、昭和二二年に、樺太から帰還してきた。三男と四男は再び離家し、次男を軸に家族の再構成と経営の革新がなされた。

昭和二四年、次男は亡くなった長男の配偶者と結婚した。斎藤家第一九代を継いだのである。亡き長男の男児二人は、彼らの養子として入籍した。当主善助夫婦、次男夫婦、そして二人の男児という家族構成になった。先のことになるが、昭和三四年に、年上の男児は結婚して同居した(Ⅲ、四六九)。この時期は、家族が再構成され、労働力は安定しつつあった。

大屋の農業経営を確認しておこう。山林所有は、二〇町歩余に減った。しかし、石神では最大であった。田畑の所有面積の合計も、三町歩余と石神では最大であった(Ⅲ、三八九表一六)。自作地のうちで田の占める割合が五〇%であり、それは農地改革以前から自作していた「肥沃な古田」(Ⅲ、四六二)で、反収が高かった。大屋の農業経営の基盤は、石神の他の農家と比較すると良好であったとみなせるのである。

大屋の一九代を継いだ次男は機械化を図り、複合化も計画した。有賀の言を借りれば、「…着々として生活の建て直しに成功し、近在の農家の注目をあび、そして、新しい実力を持った指導者として登場した」(Ⅲ、三六三)。昭和三三年に、有賀が第三回調査で石神を訪れた際、次男が担っていた地域の役職は、安代町(荒沢村が合併した)町会議員をはじめ一六に及んでいた。

世代継承　経営の更なる複合化　昭和三〇年代(一九五五年)〜昭和四〇年代(一九六五年)

世代交代・世代継承の時期がやってきた。大屋一七代善助は、昭和三四年に亡くなった。善助の妻は昭和四一年に亡くなった。そして、大きな出来事は、次男と再婚した亡き長男の妻が昭和三九年に四九歳で亡くなったことである。その後、昭和四〇年に、次男は新しい配偶者をむかえた。昭和四〇年代に入っての斎藤家は、新しいメンバーによって構成される直系家族で生活を営むことになった。すなわち、次男とその妻(新しい配偶者)が四〇代で上の世代の夫婦、養子とその妻が三〇代で若い世代の夫婦、そして彼らの子ども二人という構成である。

この時期、農業経営を中心に担ったのは、次男が養子にした、亡き長男の息子である。農業は、水田、りんご、山林（造林）。一層機械化を進め、昭和三六年には、大型トラクターを購入し耕起に用いている。昭和三九年には採石業を始めた。大屋の持山の一角で採石し、道路改修用の砂利等を供給した。次男が地域社会で占める役職は、一層広がり、二四に及んだ。

b．大屋の再生

名子意識の消滅

農地改革により「役地」が名子たちの自作地に変換された農地所有再分配は、大きな変化であった。しかし、有賀は「…農地改革によって生じた大きな変化はそのすべてが改革の時期に突然生じたものということはできない」（Ⅲ、四五八）と述べる。昭和一〇年代中ごろ以降の大屋による役地の売却は、名子が名子でなくなることを意味した。「…昭和十年代を境として、孫別家、別家名子、分家名子、屋敷名子、作子という、それ以前の時代に作られた階層構造は、社会階層の序列としてそのままに作用しなくなってきたことがみられる」（Ⅲ、四五八）。農地改革は、その名子制度の崩壊を決定的にした。解放が農民組合の主導権の下に行われ、旧名子層も組合員になっていたことも大きい。昭和三三年の調査の観察で、有賀は「…旧名子の人々の名子としての意識は、まったくなくなったらしい」(Ⅲ、三七七)と述べている。

新しいオヤ

昭和二〇年代〜三〇年代　大屋斎藤家が整えていた農業機械は石神の他の農家を圧倒していた。「…大屋の耕耘機の能力に驚いた石神の人々は羨望の念を抱きはじめ、その賃耕を大屋にたのむものが次第にました」(Ⅲ、四〇二)。仕組み(システム)は、耕耘機作業を例にとると、お礼として品物を贈るか、石油代の八割を出すか、もしくは田植作業の手伝いをする。この手伝いは当事者が自家の作業スケジュールに合わせて都合する。従って、「戦前の名子関係の残存と見ることはできない」(Ⅲ、四〇八)。

有賀は、このシステムを「新しい家単位の互助組織」(Ⅲ、四一四)と名付けている。新しいかたちの互助組織である。しかし、その構造は、旧名子にとっては「(依然として)完全に自立の生活は困難」(Ⅲ、四一四)という生活条件の下で、あらためて、家単位で大屋に依存する、オヤ・コ関係であった。「それはもはや大屋のマキの復活ではなかったが、石神部落の生活の中心に大屋は新しい形で再び現れて来た…」(Ⅲ、四一五)。新しいオヤとしての大屋の再生と有賀はとらえたのである。

第三節　生活維持

(1)全体的相互給付関係

有賀は、厳しい生活条件の下で生きる人々にとって、家が生活保障の単位であり、全体的相互給付関係を示すとしている。（本章第二節の(1)生活保障がなされるためには、生活維持が前提となる。家の日常生活、農業経営、漁業経営がまさに生活維持である。本節では、有賀が、日常ではなく、非日常の場面に着目した分析を紹介する。危機的な、生活維持のためには、乗り越えられなければならない場面への着目である。生活単位が成員を失う場面の葬送、生活単位と生活単位の労働力の交換（ある生活単位は成員を失い、他方の生活単位は成員を得る）の場面の婚姻、及び農業生産（水稲稲作）にとって決定的な場面である、毎年の田植の宗教行事についての考察をとりあげる。これらの非日常の場面をユニークな事例としてとりあげ、そこに、全体的相互給付関係のメカニズムをみている。

a. 葬送

葬儀は生活単位の成員の死亡の際の儀式である。生活単位は成員を失い、生活の維持に赤信号がともる。

a‐1　葬儀の行われる組織：葬式組

集落のメンバーの訃報に接して、葬式組（葬式仲間）が編成される。葬儀はこの仲間がとり行う。有賀は自分の集落（朝日村平出）の昭和九年の資料に従って「葬式組」の運営を描写している。平出における「組の仕事」は、帳場（葬儀全体の統制・進行）、知らせ（遠方の親戚・知己に通報）、寺方接待（装具の準備等寺と交渉）、死体取扱方（湯灌～入棺）、板の間（弔問客に供する料理を調製）、穴掘り、及び接待である。帳場を担当するのは有力者や「旧親分株の家」（V、二一二）とされた。他方、穴掘りは、特定の、ないしは「家格の低い」（V、二一六）とみなされる家の者の担当でおさまることが多かった。有賀の表現によれば、誰がどの仕事を担当するかは「ふだんの生活がすでに決定」（V、二一三）していた。集落の社会構造との対応である。ただ、死体取扱方は肉親と子分が担当した。

あくまでも、一つの事例である。集落ごと、地域ごとに異なっていたであろう。この事例をとおして、葬式組の運営を社会構造に対応するモデルとして理解しようというのが、有賀の意図である。

a‐2　香奠――相互扶助としての贈答――

参集者は香奠を持参し、「帳場」が受け取り管理し、葬儀の運営に用いる。

贈答としての香奠の内容を有賀は次のように述べる。明治以降、一般的に、贈答されるのは物品から金銭へと変化してきていた。しかし、その中で、「…他の場合には比較的貴重であってかつ有用なものが使用された傾向を持っていたが、葬儀の場合は平凡な常用の物品が多く使用されたのである。これはいわば葬儀がそれを必要としたからにほかならない」(V、二三二)。

分析の対象としたのは、幕末以降有賀家に残っていた不幸音信帳である。元治元年、明治二年、明治八年、明治一〇年、明治一四年及び明治三二年の六冊である。贈与された物品の時系列での比較を可能にする資料である。

元治元年の不幸音信帳に記されている贈与された物品をみると、米、麦粉、重の内(重詰めの料理等)、きのこ、牛蒡、菓子、煎茶、線香、蝋燭、金銭。このうち、米~牛蒡は自家生産品。菓子~蝋燭は商品。そして金銭である。「…注意すべきことは村民の贈与と他村の人のそれとの間には著しい相違のあることである。…村民の贈与する香奠は自家生産品をもってすることが圧倒的に多数であった」(V、二三四)。この年、金銭の香奠を送ったのは、村民では一三%、他村民では五四%であった。

三五年後の明治三二年の不幸音信帳にみる贈与された物品の内容も大きくは変化していない。ただ、金銭の香奠の割合は増加し、村民で四九%、他村民では九四%となった。

「以上を通覧してみて注意されることは、近来に至るに従って、金銭を香奠として贈与することが、全体数においても全体に対する比率の上からも増加してきたことであるが、しかしそれにもかかわらず、村民が贈与する香奠は自家生産品をもってするのが非常に多かった」(V、二四二)。元治元年七五％、明治二年五七％、明治八年六二％、明治一〇年六九％、明治一四年七三％、そして明治三二年五六％と、つねに五〇％を超えた。

有賀は考察を続ける。何故、村落内の音信者の香奠の中では自家生産品の割合が五割以上を占めたのだろうか。香奠の社会的意味について考察するのである。

「…現実においてこの多くの食料品がいかに始末されたものであるかを見るのでなければ香奠の社会的意味を明確にすることはできない」(V、二四四)。葬式では、弔問客に膳を出した。「板の間」の係が調製した。村内からは家中で弔問に来る関係の人たちもいた。彼らも飲食を伴った。手伝いの人々にも飲食を出した。弔問することや、手伝いにでることは、「…オギリだといわれ、来ない者は悪口をいわれた」(V、二四九)。村民にとって葬式への参集は集合意識に規制されていた。参集する人たちの飲食の食材は大量に必要であった。「葬式は突然に生じしかも入費を予定することができず…」(V、二四四)であったということもある。そのため、「香奠としてもたらされた物品が葬儀に集まった人々の食物として端から消費された」(V、二四七)のである。村民が参集に持参する香奠は、参集者の飲食を支える材料（主に食材）を提供した。香奠は、葬式を営むなかで必須の仕組みなのであった。

有賀は、贈答を相互扶助ととらえる視点にたっているのである。「贈答において有用ということが大きな条件となることは生活の相互扶助性によるものであって、贈答はその象徴的意味において存在しているから、贈答の対象たる物品に現実の有用性が欠けている場合でも、行事本来の意味からみればかならずしもそうでなかった。だから相互扶助としての生活組織の形態が贈答の形に反映することは当然であって、これを相互扶助の概念に還元して解釈するだけでは生活組織を理解する途ではない。…現実の生活・歴史をとおしてそれがいかに生成されるものであるかを知ることに最も重要さがある」（V、二〇九）。このような観点から、「贈答の一つの場合である葬儀を通してこの根本的な問題に触れてみたいと思う」（V、二〇九）としたのである。

b. 婚姻

結婚は、労働組織・生活組織の持続という生活の要求にかかわる。ある生活単位は成員を失い、一方の生活単位は新しい成員を得る。家同士の労働力の交換・移動に焦点をあてて、有賀は婚姻習俗を論じている。

b－1　自立度の低い労働組織と婚姻習俗

婚姻習俗は階層により異なり多様であった。その中で有賀は「庶民の生活」に焦点を定めている。対象は、中層の、農・漁村家族である。村をとりまく経済市場は未発達で、ほぼ、農業・漁業のみで生活しており、その技術水準は高くはない。

よばい・聟入婚

「ヨバイが猥雑な冒険となる前には、これは婚姻の正式な手段であったといえば、今日では奇異な思いをする人の方が多い。…求婚慣習として正式に認められなくなって来てからは、夜の冒険となったので、書物には夜這いなどと記されたのであるが、ヨバイという言葉は万葉集にみえるよばい、つまどいと同じ言葉であることは周知のことである」(Ⅵ、一九)。当時みられたよばいの事例が挙げられている。その中の一例である。

「石川県鹿島郡石崎村は一漁村であって、古来他の村とは婚姻を結ばず、縁組は村内に限っているが、その方法は、年頃の娘を持つ家へは未婚の若者が漁の暇には毎晩遊びに寄りつく。そうしている間にその中の一人と相思になれば他の若者は遠慮して寄りつかぬようになる。選ばれた一人が毎夜娘の家に通って寝泊まりする。親達はそれを黙許している。そのうちに子供が生まれると媒介を立て婿方に嫁入する。子供を連れない花嫁はなく、中には二人の子供を連れて初めて夫の家に入るのも珍しくない」(『旅と伝説』六ノ一号、VI所収)。

よばいを婚姻の正式な手段と把握し、「女が男のヨバイを許すことは結婚の成立を目的とするか、または許婚たるべきことが習慣上予定されているか、許婚者であるか、さらにはすでに結婚している場合におこなわれた…」(VI、二七)と述べている。

有賀は、よばいを、聟入の風習ないしは聟入婚とみなす。聟入については、その六年前に発表された柳田国男の論考「聟入考—史学対民俗学の一課題—」(一九二九(昭和四)年　大塚史学会編『三宅博士古稀祝賀記念論文集』岡書院)に啓発された。婚姻が嫁入式中心となったのは近世になってからという説である。元来は、民間では、聟入式が中心であった。ただ、遠隔の家々の間で婚姻を結ぶ武家の間では、嫁入式中心の婚姻方式が発達しており、それが庶民にも普及したという考察である。有賀は、柳田のこの論考を、「わが国婚姻史研究の基礎的労作」(VI、三二)と評価している。

聟入は婿養子という意味ではない。婚姻の過程で、はじめの数年は、妻は実家に留まり、夫が訪れる風習を指す。では、何故　聟入婚なのか。有賀は、農山漁村において年頃の娘は重要な労働力であったからだと指摘する。「…せっかく仕上げた娘を他家に出すことを惜しんだので聟入をすませて嫁の引き移りを遅らせる習いとなったと考えられる」(VI、二三二)。

若者仲間・寝宿

「庶民の生活」では、通婚圏はほぼ村内であった。村内婚を可能にする仕組みが、可婚期の男性が参加する若者仲間であり、寝宿慣行である。対応して娘仲間や女性の寝宿もみられた。村における年齢階級は一般的には、年寄り、中老、若者、子供に分かれていた（VI、四一三）。その中で、子供から若者に上がり、若者仲間に入ることは、氏神祭祀の一定の役割に参与し、村の義務、もしくは労働において一人前が公認され、求婚資格を獲得することを意味した（VI、八三）。

ただ、誰でもが若者仲間に入れるわけではなかった。「若者仲間に加入すること自体が村の住民としての特定の家に属することが前提となっていた」（VI、四一四）。参加が想定されたのは本百姓層の長男であった。次三男の参加は長男が結婚して脱退したあと可能になった場合もある（VI、一三〇―一三一）。よばいの拠点である寝宿に参加できたのは一定の階層的位置の若者であったことになる。

同族的村落では、男性の参加する若者宿と女性の参加する娘宿が併存する場合が多かった。「寝宿は親方自身の家であり、親方の若者に対する訓育は元来は強力な統制をもっておこなわれていたと考えられる」（VI、一七二）。そして、婚姻の統制は親方・本家によってなされた（VI、一九七）。一方、組的村落では、男性の参加する若者宿のみで、娘宿はない場合が多かった。「組的村落では若者仲間は…比較的強く自治的であった…」(Ⅵ、一七八)。そして、婚姻の統制は仲人と若者仲間によったと有賀はみなしている(Ⅵ、一九七)。仲人となったのは比較的地位の高い権威ある者(Ⅵ、二一七)であった。村落のタイプによってあり方は異なっても、若者仲間が、村内婚、階層内婚を維持していく統制の仕組みであるという点は共通していた。

b-2　労働組織の自立性と婚姻習俗

嫁入婚への推移

農村において、聟入婚に対応していた各戸の経営の連関のあり方に変化がもたらされた。経済組織の変化が、各戸の労働組織に以前より自立性をもたらした。その結果、各戸間の経営の連関は相対的に弱くなったのである。同時に、村外との生活上の関係も多くなった。通婚圏が村内にとどまらず拡大した。村外婚である。各戸の労働組織の自立性と、通婚圏の拡大は、婚姻のはじめの数年間は妻は実家に留まり夫が訪れるという聟入の風習とは調和しなくなった。

聟入のプロセスを経ない嫁入婚が一般的になっていったのである。嫁入婚が支配的になると、婚姻においての重大な関心は「労働力としての嫁の引き移り」となった。

b-3　聟方嫁方結合の表象――その変化――

婚姻が成立していく過程で、聟方嫁方双方の結合を表象する(Ⅵ、三二九)節目がある。

聟入婚においては、「手じめの酒」が結合を表象する儀式の中心であった(Ⅵ、三〇七)。「聟方から聟、両親、親戚が酒肴を持参して嫁方に行き、嫁方でも相応の酒肴を供し、仲人または関係深い村の人々の立会いにおいて双方のものが共同飲食した」(Ⅵ、三〇七)。その後に嫁の引き移りが行われた。大げさな物品の贈与はなかった(Ⅵ、三二八)。

嫁入婚が一般的になると、村外婚も想定され、「嫁の持参品が次第に発達しかつ重要視された」(Ⅵ、三二九)。そこに聟方からの贈与が新たに付け加えられた。これが結納である。「双方の結合を表象する贈答として行われた」(Ⅵ、三二九)のである。

「…それは娘の身柄に支払われた対価としてではなく、親方取婚または聟入婚における酒肴の共同飲食の発展した形態と考えることができる」(Ⅵ、三二九)。有賀は、結納を嫁入婚における聟方嫁方の結合の表象と位置付け、「…これまで売買婚の意味を持つものとして多くの人が見てきた」(Ⅵ、二五二)のは誤解であると指摘する。

c．田　植

庶民の生活維持の中軸をなす農業(生産)における生活組織について、水稲耕作に場面をとって論じている。『村落生活―村の生活組織―』の序文に有賀は述べている。

「水稲耕作をもってその農業経営の根幹としてきたわが国の農民にとって、田植がいかに必要な作業であったかということを改めて述べる必要はないが、田植は水稲耕作にとって決定的のものであり、また、その時季に際しては短期間にこれを終了しなければならない必要から、農村の労働の全能力を一時に発揮するように迫られる点で、古来農村行事の最も重要なものの一つとして見られてきたのであって、単に経済的事象としてではなく、村落の全生活組織がこれと結合していることは、特にこの行事の重大性を示すものと考えてよい」(V、二〇)。

c－1　田植行事——サナブリ——

サナブリは田植じまいの行事を意味する(V、四八)。有賀は、サナブリの祭祀を行う人々すなわち祭祀組織と村落の生活組織との関係を論じようとした(V、五〇)。まず、サナブリの事例を二つみよう。

事例1：岡山県澤田(岡山県苫田郡香々美南村字澤田)(V、五五、九四、一一七)

澤田は、移住者が築いた同族開発村落である。

澤田では、各戸それぞれ田植の最後苗代田を植え終えると、手伝いの人々を招き馳走する。これをシロミテという。神様(美保神社、豊受神社、白神様)にご飯を供える。各戸の田植終了時点は異なるから、シロミテは戸別に行う。また、各戸の耕作規模によりシロミテの参加者数は異なる。

部落全体で行うのはシロミテヤスミである。部落全戸の田植終了後、部落の区長がふれをして、三日間にわたるシロミテヤスミを行う。初日はご馳走をして休み。二日めには氏神様へご馳走をしてお籠りをする。一戸一人参加。三日目に、一宮様（中山神社）に一戸一人ずつお籠りをする。シロミテヤスミ不参加という逸脱は許されない。

事例2：群馬県小柏（群馬県多野郡日野村字小柏）（V、六一―六二、一一四、一三六、一五二）

小柏は、発生的には親方百姓統制の同族団の部落であり、オーヤ小柏家のほか一〇〇戸ばかりの家抱《ケホ》からなっていた。部落の田植はオーヤから始め、これに家抱は全員が参加した。オーヤの田植が終了した後に、家抱は各自の田植を四、五軒ずつ協力して行った。家抱全戸の田植がすんだら、全戸がオーヤに集まり、オーヤの氏神である猿田彦様を祀り、オーヤから馳走が出て祝う。これをネズフザケと称した。各戸の家サナブリは発生せず、オーヤのサナブリによって家抱は各自のサナブリをすませている。

c-2　サナブリの三つの形態

前項でみた事例は、サナブリの二つの形態を示している。群馬県の小柏は、オーヤのサナブリのみで各戸のサナブリはない。村サナブリのみの形態である。岡山県の沢田は、各戸のシロミテが別々にあり、集落の田植がすべて終了したところで、全戸から参加するシロミテヤスミがある。家サナブリと村サナブリの両方が時期をずらしておこなわれる。併存、二重組織である。そして、前項で事例としては挙げなかったが、三種類目の形態がある。それは、家サナブリのみで村サナブリはないという形態である。有賀は、調査部落を事例データとしてサナブリの形態を整理している。一七四の事例のうち、村サナブリのみの形態四五、村サナブリと家サナブリの併存が一〇七、家サナブリのみが一八であった。なお、サナブリのない事例は五であった(V、七一―七五)。

c-3　サナブリの形態と村落の発展

村落発生の第一類型は「開発者の同族団によるもの」(V、一一六)である。「開発者を本家とし、これに従属する家来または分家の一団をさすのであって、われわれはこれを同族団と呼びたい…。これに属する家は、その中心となる本家の末家(分家とも別家とも呼ぶ)として家の系譜関係を直接に持つものであって、この系譜関係の上に相互の密接な生活関係を結ぶことに特色がある」(V、一一六)。この要素の強い村落では、分家が本家に依存しているため、田植行事は分家個々には行わず、全体で一丸となって、一つの行事を本家においてに本家司祭のもとに行う。サナブリは村サナブリのみの第一の形態が対応する。事例2の小柏はこの関連を示す事例である。

しかし、第一類型の村落でも、実際には、数の上では、第二の形態　二重組織が一番多い。家サナブリの分化が進んだからである。背景にあるのは、村の発展に伴う分家の経営の自立的要素の拡大である。「彼ら(=分家)が主となる農業経営—労働組織—を持つので、彼らも地主本家から独立した各戸の田植行事を持つ必要が出てくる。この場合に家サナブリが分化する」(V、一三九)。従来の本家司祭のサナブリは村サナブリとなる。サナブリが二重組織で行われるようになった。事例1の澤田はこの二重組織の事例といえる。

一方、村の発生の第二類型である「組として村落が組織される」(V、一二八)ものは、比較的対等な各戸の集合により成立するものであり(V、一二八)、最初から家サナブリのみであったとみてよい(V、一三九)。

C-4　田植行事に祀る神——氏神——

サナブリの形態と祀る神

田植じまいのサナブリに祀る神は「雑多な形」(V、一四九)をとっているようにみえる。特に、家サナブリが分化して村サナブリと二重組織になっている形態では、各戸で行われる田植行事において祀る神様は多様である(V、一四二—一四八)。有賀は多様な神様すべてを田植神とみなせるとする。「どのような神であっても農民がこれを田植神として祀るかぎりは田植神として存在すると考えてよいようである」(V、一四九)。一方、このような二重組織の形態においても、全戸が参集する村サナブリには多くの場合部落の氏神に参集する。

同様に、村サナブリのみの形態においては、同族開発村落の場合も組的村落の場合も、祀る神は氏神である。同族開発村落では、前述の小柏の事例が示すように、本家（オーヤ）の氏神が地域（部落）の氏神となる。組的村落の場合には、特定の家の氏神ではなく、村落全体の氏神（聚落の守護神）であった。

田植神と氏神

田植行事で祀る神が氏神であると解釈する理由を有賀は次のように述べる。

「…基礎的な聚落的家連合にはたいてい一つの氏神があり、これを包むより大きな聚落にも一つの氏神がある。それは守護神であるゆえにそれが管掌する地域の内部の住民の生活に多大の関心を持つものとして観念されている。このことが農村における氏神と田植祭とが結合した最大の理由であろう」（V、一五五―一五六）。

この類推は、早川らが先鞭をつけた花祭の研究（早川孝太郎一九三〇『花祭』岡書院）に後押しされている。花祭は、愛知県設楽郡を中心とした村々の歳暮初春の神降臨と年祝ぎの意義を持つ独特の祭典である。「来臨する神は鬼をもって表現しており、鬼がヘンペ（へんばい、足踏み）を踏んで悪霊を抑え、その結果として年が新しくなり、豊作が約束されるというのが中心思想である。これら一連の長い所作を前日の夕から翌日の朝にかけて行うのである」（V、一七一）。

有賀は、氏神祭として花祭は「きわめて鮮やかな意義を持つ」(V、一五五)と述べている。それは、二つの意味があるといえよう。第一に、サナブリの原型ともいえる村サナブリのかたちをとっているという点。第二に村の生活組織は変化するがそれに「照応」(V、一九五)して祭祀組織が変化しつつ祭祀は持続しているという点と考えられる(有賀が論じた時点から七〇年近く経った二〇二〇年現在、花祭そのものは持続している)。

なお、生活組織の変化は田植行事に影響するかもしれないという視点も、有賀は示している。サナブリは当時の栽培技術に対応しているという分析視点であり。有賀自身も技術変化(稲の直播の研究の進歩)により「これが今後永く存続するかどうかは保証できない」(V、一五八)と議論を結んでいるのである。

(2)生活規範――公――

右に紹介した諸論考から二〇年後、有賀は論考「義理と人情―公と私―」[6]を発表した。生活組織を規定している生活規範は、日本社会の生活の中では「義理」であると論ずる。「義理」が社会関係の中で具体的にどのような行為として現れるかを分析し、「上位優先の原則」を抽出した。これを「公」と呼んだ[7]。前項の事例論述において、有賀は、生活規範という概念をすでに用いている。葬儀参加と香奠にみられる集合意識による規制、婚姻習俗の規定にある生活組織・労働組織維持の大前提、田植の宗教行事サナブリに参集する人々のカミへの信仰、これらを生活規範としていた。二〇年後に、これらを通底する概念枠組みを提示したのである。

a. 義　理

まず、義理が生活規範であることが確認される。義理と人情という対比は封建社会の生んだ関係と考えられることが多い(Ⅳ、一八八)と認める。同時に、有賀は、義理という用語は多義的であるとする。「江戸時代以来、武士階級ないしは儒学者以外の一般社会でもきわめて多く使い古された用語」(Ⅳ、一九〇)と捉えるのである。

実際は、「義理の意味に混乱が多い」(Ⅳ、二〇九)ということをふまえつつ、有賀は、元来、義理は生活規範の意味をもっていたと把握する。一般的に考えられてきたように、上下的関係における上位者の下位者に対する威圧を示すだけのものではない。「社会関係が上下的関係であっても、平等的関係であっても、あるいはまた個人的関係であっても、家関係であっても、さらには多人数の集団であっても、集団のもつ生活規範に対する個人の立場や意志・感情は、人情としてこれに対立したり順応したりするものであった」ととらえた。そのうえで、「義理とは日本の社会関係を規制する一定の生活規範の意味であった」（Ⅳ、二一〇）としたのである。

具体的な社会関係として親子関係と主従関係をとりあげ、これらの関係における義理を論ずる。親子関係における義理は孝と称されるとする。主従関係における義理は忠と称されるとする。

b．公

b－1　親子関係における義理：家の公＝孝

具体的な社会関係として、まず、親子関係がとりあげられる。

「親の考え方や行動が家の秩序を代表したので、これに絶対に服従することが要求され、子はそれに順応する以外の考え方や行動を制肘しなければならなかった。すなわちそれに従わぬ自己の考えは私情と見なされて、それを抑圧することが要求された。だから義理とはこの場合、家の公事（オオヤケゴト）を意味するものであった」（Ⅳ、二一九—二二〇）。

オヤの意志に子供が従うことが義理として要求された。有賀は、「孝行の道徳」（Ⅳ、二一五）としている。道徳の内容は、「家制度が家族に要求した道徳の内容は種々あったが、家の永い存続に奉仕する義務を最高の道徳の一つとした」（Ⅳ、二二四）。そして、家制度（家のシステム）においては、「家長もまた他の家族と同様…家制度に制約された思想と行動をもつべきものと考えられた」（Ⅳ、二三二）。親子関係における義理は、親の意志に従って家の存続に奉仕すること、それが家の公であり、孝と称された。

b-2　忠：主従関係における義理：上位優先の公＝忠

この論文以前では、有賀の議論の焦点は家、そして家の集合としての集落にあった。

しかし、この論文では視野をより広くひろげる。すなわち、「上下の階層に関連した主従関係」（Ⅳ、二三二）をとりあげた。主従関係における義理は、上位者の意志を優先し、私なく奉公すること、それが公であり、忠と称された。この議論を、武家社会を視野に入れて考察した。

庶民社会における主従関係との連続性を措定し、「江戸時代の武家社会の階層を見れば上には徳川家があり…その下に大名、旗本があり、大名・旗本の家中にはそれぞれの武士の主従関係が種々含まれていた。…農工商の中にもまた種々の主従関係が存在した。…これらのすべての主従関係は何階層かに複雑に編成されていた」（Ⅳ、二二九）と述べている。

武家社会に関しては、「武士の主従関係は何階層に構成されていたところで…簡明な上下の序列を持ちうるものであった」（Ⅵ、二四二）。そして「各階層の個々の主従関係において従者はすべて主人に奉公の誠をつくすことが規定された」（Ⅵ、二三九）。これが「忠と称された」（Ⅳ、二二七）。いいかえると、忠とは「いずれの主従関係においても、私なく奉仕すべき」ことであり「主従関係における公には上位優先の原則が支配していた」(Ⅳ、二三二)のである。農・工・商の庶民社会においては、「主従関係、親子関係、親方徒弟関係、師弟関係」(Ⅳ、二四二)があった。「輪番的慣習を持つ種々の平等的関係」(Ⅳ、二三七)もみられはしたが、藩(武家社会)に対しては私と位置付けられた。「武士の主従関係と庶民のそれとは、一見したところでは同質の序列で接続していたようには思われなかった」(Ⅳ、二四二)。しかし、この「切断」は、町役人・村役人などの在地役人の存在によって媒介された。彼らは、「半面では藩制につながる主従関係を領主との間に結んでいた。…他の半面においては在地役人は庶民の身分をもち、被支配者としての庶民社会に属した」(Ⅳ、二四一)。

ここで、有賀が公としている概念はパブリックという英語に訳すことは不可能だということに留意しなければならない。「…家(親子関係)における父親、武士団(主従関係)における主人はそれらの集団の代表であり、その公を示すものであった。これらの集団においては成員各人の個性をほとんど認めずに、公の代表者が成立した。だからこの公は個人を基礎にした個人を超える公共の意味を持つことはなかった。この意味で英語でいうpublicとは非常に異なったものといわなくてはならない」(Ⅳ、二三三)。

b-3　忠は孝に優先

子は親に奉仕することを義理としこれを守らねばならないとする親子関係における義理(公)は、「武士の家でも、庶民の家でも…共通性をもっていた」(Ⅳ、二四二)。しかし、主従関係に於いて上位の公が優先する原則に従うと、武士・庶民共通に「主人の命令と親の命令の板ばさみになる時、主人の義理が優先した」(Ⅳ、二四二)。忠は孝に優先したのである。有賀は、「日本では忠が孝に対して比較にならぬ重さがあったのは、忠といい孝といい、日本の生活規範として成立していたことを見なくては理解できない」(Ⅳ、二四二)とする。

一方、主従関係は親子関係によって規定されていたと有賀は指摘する。この場合、有賀は「親子関係」を「家制度」、すなわち本家が何事においても分家に優先した、特に武士にみられた「本分家関係」に読みかえている。そして、そうなる理由を、「…本家の社会的地位が分家のそれに優先するという原則に結びついたことであって、本家が血縁的本源であった故ではなく、それは政治構造と密接な関係をもっていた」(Ⅳ、二四四)ことに求めている。

c.　カミガミ――上位に守護を乞う――

c-1　最上層の公

右の議論では、有賀は江戸時代の日本社会をイメージとして読者に与えていた。しかし、歴史をふりかえると、実際は、古代以来、公は日本社会を律してきたとしている。

最上層の公は、奈良時代、平安時代を通じて、天皇であった。鎌倉から戦国時代になると、将軍を公とし御家人を私とする武士の主従関係が生じ、江戸時代につながった。江戸時代には、主従関係は家制度と深いつながりをもった（Ⅳ、二六二―二六三）。しかし、数百年のちに、天皇の統治が新しい形で成立した。そして、「多くの国民の間では、皇国・皇軍などの概念に示されるように、ほぼ同様の考え方が依然として生きていたことを知るのである」（Ⅳ、二五六）[8]。

c-2　公における上位優先の根拠

「義理と人情、公と私における上位優先の根拠がどこにあるか簡単にふれてみたい」（Ⅳ、二六七）。

有賀は、それは「日本人の権威に対する態度にほかならない」（Ⅳ、二六九）として、日本人のカミ（神）の観念を考察する。「カミは現実の人間よりも能力も大きく、カミとは人間の上位にある権威者の観念を含んでいたと思われる」（Ⅳ、二七一）。そして、「こういう上位の権威に対する日本人の根本的態度は、その守護を乞うためにこれを祭った」（Ⅳ、二七二）。

「カミは一定の生活領域を持つ社会集団のための守護神である」（Ⅳ、二七二）としたのである。

これらを前提に、日本社会について次のように論ずる。「そのようなものとして成立したカミガミは、家の神(神棚)、同族団の小鎮守、近隣的小鎮守、部落の氏神・鎮守、都市の諸鎮守、氏族集団の氏神・鎮守、大名領国の総鎮守、日本の総鎮守(伊勢神宮)であり、これらは大小の生活領域(集団)に生じたその領域の守護神(鎮守)と考えられた」(Ⅳ、二七五)。このような守護神信仰が、「日本社会の原初的な、また基本的な部分を占めた」(Ⅳ、二七六)のである。そして、「権威に対するこのような迎合的な、対決の稀薄な態度は、社会構造における上位優先の性癖を生んだ根拠となったと思われる」(Ⅳ、二七六)と推論するのである。

注

1　生活組織とともに使われる概念に、社会組織、労働組織、祭祀組織、政治組織などがある。社会組織は、社会を構成する制度体の意味で使われる。労働組織は、家、組、村などの労働力構成を論ずるときに使われる。祭祀組織は個別の祭祀の運営の担い手を意味している。政治組織は、権力構造を指している。しかし、生活組織という概念は、これらとは使われ方が異なる。生活組織とは、生活の維持につながる意識・行動のパターンと解することができるのである。

2　戦前に刊行された六篇のうち、「若者仲間と婚姻―村の生活組織に関連して―」と「結納と労働組織」を除く四篇は、改訂を加えて昭和二三年に『村落生活―村の生活組織―』という単行本として上梓され、のちに、著作集Ⅴ『村の生活組織』に収録された。「若者仲間と婚姻―村の生活　組織に関連して―」と「結納と労働組織」をもとに加筆がなされた『日本婚姻史論』も昭和二三年に刊行され、のちに、著作集Ⅵ『婚姻・労働・若者』に本篇として収録された。「義理と人情―公と私―」は、著作集Ⅳ『封建遺制と近代化』の第三部巻頭論文として収録された。なお、収録に際しタイトルは「公と私―義理と人情―」に変更されている。

3　この書物は、有賀が一九四〇年代から一九五〇年代にかけて発表した、複数の論文を基礎に構成された。第一章現代の家の基礎にあるのは、「日本の家」（日本人類学会編『日本民族』岩波書店一九五二）と「家の系譜」（地方研究論叢『一志茂樹還暦記念論集』所収一九五五）である。第二章近代の家の基礎は右記「日本の家」である。第三章古代の家の基礎は、右記「日本の家」と「上代の家と村落」（東亜社会研究会編『東亜社会研究』第一巻一九四三）及び「奈良時代の戸籍と計帳」（『社会経済史学』十五ノ二、一九四三年稿一九四八刊）である。第五章は、「日本における先祖の観念―家の系譜と家の本末の系譜と―」（岡田謙・喜多野清一編『家―その構造分析―』創文社　一九五九）を再録している。後年、著作集刊行に際しては、第一章～第四章はⅪに、第五章はⅦに、分かれて収録されている。

4　第二章五〇頁では、渋沢敬三による前年の報告の数値により二六人としている。

5　全収穫を名子の自由にすることができる。第二章五一頁参照

6　昭和三〇年「義理と人情―公と私―」『現代道徳講座』第三巻河出書房。なお、右記（注2）で述べたように、著作集Ⅳに収録にあたって、タイトルは「公と私―義理と人情―」とあらためられた。

7　後述するが、有賀が公と呼んで論じている内容はpublicと英訳することはできない。

8　なお、「ほぼ同様」の意味を、未完の英文論稿では、「奈良時代以来のあの考え方」と説明している（Ⅳ、二五六）。

第四章　研究方法

第一節　研究の成果

本書は副題を「社会関係における日本的性格」としている。この副題は、有賀喜左衛門が研究を通して追及したのは、日本社会における社会関係の特色であったということを意味している。提示されたのは、日本社会における社会関係の特色はオヤ・コ関係であるという命題である（第二章七四―七五頁参照）。日本の農村生活に視点をおき、家（家族）を生活の単位と措定する考察を、実証的に展開する中から得られた命題である。社会学研究の重要な遺産である。有賀の考察は二十世紀中頃までの日本社会・日本農村を対象とするところで終わった。しかし、この命題は二一世紀の現在も生きている。社会学研究の過程で、私たちはこの命題に遭遇しているからである。

第二節　研究方法――1 実証――

以下、このような成果につながった有賀の研究方法について述べる。

(1) 日本社会の実証研究

「私の著作集の存在の意義があるとすれば、それは日本社会の研究を、日本人の眼で確立しようとしたことだと思っている。」

有賀喜左衛門は、著作集XI（最終巻）の序で、このように述べた。「日本人の眼で」という表現は、有賀の姿勢を示している。それは、日本以外の社会を研究する中から構築された外国の学者の理論のみを枠組にして日本社会を分析し、それを日本社会の研究と称する研究の在り方を否定する姿勢である。「確立しようとした」という表現は、同じ序の中の次の文言につながる。「…一般法則をたてることだけが、学問の最終目的と考えて、民族的個性やそれに結びつく歴史的個性などを見逃すことに平気でいられるのは、人間の生き方の多様性の大切さを知ろうとしないからであると思っている。」

有賀は「一般法則」（一般理論）の構築を否定しているのではない。彼は、対象を分析する中から構築された複数の理論を土台に、一般理論の構築が目指されるべきと考えていた。

そして、次のように述べるのである。「私の日本社会に関する研究は、まことに小規模なものだが、将来もっと高次の通文化的比較をする人々のために、できるだけ価値のある資料となることを念ずるのみである。」

⑵実証の視座

a．事実をよく見る

第二章で述べた社会学的諸研究に着手する以前、有賀には、研究手法を探求した数年があった。フランス社会学やイギリス社会人類学を学んだ。また、柳田国男の民俗学研究グループに属した期間でもある（第一章第四節5―1および本章第三節参照）。では、その民俗学を有賀はどのように位置づけていたのか。

次の引用は、その柳田国男の研究グループと相対的に距離を置いた後に発刊した研究誌に発表した論文の中ものである。

「…民俗学は珍奇な見解を競演する舞台ではない。物のありさまを見、そしてそれをよく了解せんがために必要な手段である。だから文化現象の新種を発見したり、ある珍種が外国渡来であるということなどを発見したりするのが能ではなく、民族の長い生活において日常ありふれた現象の意味とその変遷を知ることであるにすぎぬ。」（一九二九「民俗学の本願」『民俗学』1―5、Ⅷ、一六）（波線　引用者）。

翌年には同じ研究誌に「…事実のみが残るとすればわれわれに残された道は事実をよく見ることである。少なくとも民俗学は事実を無視するときに終わりを告げる」（一九三〇「注文書」『民俗学』

2―3、XI、三〇七）と述べている。事実をよく見るという実証の視座は研究生活の端緒に、備わっていたのである。

b．生活への洞察

有賀はストレートに社会学に向かったのではない。大学での専攻は美術史であった。その中で、卒業論文を作成する過程では、社会的表象に関する洞察を示している。朝鮮文化に関心があったところへ、朝鮮独立運動（万歳運動）、柳宗悦の論文「朝鮮人を想ふ」に触発され、現地調査も行って、論文「新羅の仏教美術―慶州石窟庵を中心として―」をまとめた（第一章参照）。当初、有賀は、美術史研究として中国・朝鮮・日本の比較を構想した。日本社会研究は、そのような比較の第一歩として位置づけられていたのである。

後年、朝鮮での現地調査の体験を振り返って、有賀は次のように述べている。「…私はそのときに、つまり美術というのは美術だけ見たってだめだな、という感じをもつようになりましたね。…仏像を見ても仏像の特色なんてのは、そのバックにその国の、民族の生活というものが結びついているのだなということを、この眼でもってはじめて感ずることができたと思うんですね。…」「芸術や文化を、基層としての「生活」と結びつけて考察するという洞察である。これは、社会関係や社会構造を視野にいれて分析することにつながる。

有賀の姿勢は研究を積み重ねるなかで、一層、明確になっていった。

c. 視座の確立

「名子の賦役」を書いたころを振り返って、一九六九年に、述べていることを抜粋しよう（一九四七年「社会関係の基礎構造と類型の意味」『社会学研究』第一巻第一輯を一九六九年Ⅷに収録した際の補足、四四四―四四六）。地主・小作関係に焦点をおき研究を築こうというとき、対峙せざるを得なかったのは、経済学者たちの日本資本主義論争であった。「『名子の賦役』を書く頃…日本資本主義に関する講座派と労農派の論争は盛んであったが、それらの見解に対しては疑問を持っていた。しかしそれに対抗するだけの自信はまだ私には十分になかった。マルクス流の学派は双方が多少ちがっていても、唯物史観というマルクスの立てた作業仮説に拠ればよかったが、私はそれとは別の作業仮説を造り上げなければならなかったのだから苦しんでいた。」

経済学だけではなく、と、次のようにも述べる。「マルクス学派でなくても、民族学（文化人類学）や民俗学、または社会学などにおいても、西洋の学者たちの作業仮説は日本人にとっては強い権威を持っていた。研究方法については、彼らの創りあげた学問の大きな伝統は聴くべきものをもっていたから、私がその全部に反対するということはもちろんなかったが。彼らにとって未知の日本人の生活について、彼らの作業仮説の普遍性を批判できるのではないかと考えるようになった。」

そして、一般理論に関しては、「…私は安易な普遍的法則を立てることに疑問を持った。…諸民族の文明や社会が現実に多くのちがいを持っていることから再出発して、もっと精細な比較研究を経た後、改めて普遍的法則を確認するとともに、文明の交流の中で個々の民族の創った文化の独自性を理解しなければならないと思うようになった。…」としている。

第三節　研究方法——2 研究枠組——

(1)研究の主軸と民俗学

柳田国男を中心とした民俗学への傾倒と離反については、第一章第四節でふれている。調査手法への不信が大きくなり距離をおくようになったのである。しかし、研究の主軸を定めようとしている時期に受けた影響は根本的であった。晩年には、「柳田の学問的影響は大きく今でも彼の傘の外に出きれないところがある」(本書一一二頁)と述懐している。日本社会を事例としてとらえ、創られた文化の独自性を理解しようという有賀の姿勢は、柳田の研究枠組みから離反はしていない。柳田の研究枠組みの中に位置付けられ得るのである。

方法論について、鳥越皓之は、「聟入考」を例に、柳田の「方法論」が有賀のそれに「類似」していると指摘した。「…ありふれた常民(平民・農民)の生活実態を把握しようとするいわゆる『生活論』は、柳田が前面に押し出したものである。…この生活論を有賀は柳田から受け継いでいる」(鳥越皓之一九八八)。有賀自身も婚姻についての論述においては(第三章三節参照)、柳田の「聟入考―史学対民俗学の一課題―」(一九二九)を「わが国婚姻史研究の基礎的労作」と位置付け、柳田の分析に啓発されたと述べている。

岩本由輝による具体的な指摘がある。一九二〇年代後半、柳田は〝イエ〟を農業労働組織ととらえ、〝イエ〟における嫡子=総領=親方の労働指揮権に着目したと岩本は指摘する(岩本由輝二〇〇〇)。「〝オヤコ〟というのは、本来〝イエ〟という労働組織における指揮する者とされる者との関係を示すことば」として柳田は提出したというのである。「有賀はこの柳田のいう農業労働組織における〝オヤコ〟のあり方の考えを援用することによって、前掲『名子の賦役―小作料の原義―』を著すわけである…」。有賀の、地主を〝オヤ〟とし小作人を〝コ〟とする図式は、柳田の考え方を「下敷き」にしているという指摘である。

しかし、第一章でふれたように、同時期に、「柳田民俗学」に対する批判を明確にするようになってもいたのである。一九三三年提出の、信州郷土研究で分担した「郷土調査要目・民俗」の項目設定においては、柳田に拠らない独自性を表している。竹内利美は、この点を、研究論文発表の前期段階における「有賀理論」形成の萌芽と位置付けている（竹内利美一九八八）。

⑵機能主義的考察と社会学

有賀は柳田から離れてオヤ・コ関係の分析にとりかかった。オヤ・コ関係を社会関係として分析しようとした。

地主と小作の関係は対立ではなく相互関係、すなわち、双方の存在が双方の生存にとって必須であるという相互関係と捉えた。地主と小作の相互給付関係が双方の生存を可能にしたと把握した。この当時はまだ、全体的相互給付関係という用語は使われていない。代わりに相似した、ないしは、関連した用語が用いられていた。相互関係、相互給付関係、給付関係、機能主義などである。しかし、英国社会人類学やフランス社会学の文献を吸収して考察に生かしていることはわかる。

特に、モースの『贈与論』（一九二三―一九二四刊）の影響は大きい。モースは、叔父であるデュルケームの機能主義的社会学の素地にたち、全体的給付というテーマで、諸社会の原理としての贈与＝交換を論じた（森山工訳二〇一四『贈与論　他二篇』岩波書店　巻末の訳者解説）。そして、論じる際には、当時刊行されたばかりの、マリノフスキー、ラドクリフ＝ブラウンなどの英国社会人類学者の太平洋諸島の民族に関する研究報告や、ボアズによる北米先住民研究を事例として用いていたのである。

本書第一章では、筆者としては、「モースの研究の吸収」と記した（一四頁）が、平野敏政は「モースの全体的相互給付関係という概念を論述の核として『援用』するにいたった」という見解を示している（平野敏政二〇〇〇）。

有賀自身は、戦後になって、いくつかの論述の中で「援用」についてふれ、説明している。一九五七年には、石神・斎藤家の調査における分析をふりかえって、次のように述べている。「石神の斎藤家の調査に際し、最初に私の興味をひいたものは…地主大手作を中心として展開していた本家末家の労働組織が第一のものであった。…これはやがて…地主の生活全般における家々の関係を見るのでなくては理解のしようもないことを知るに至った。だから農耕や家事のような常時的なものや、婚礼、葬式、祭事、建築、屋根葺、災害等のような臨時的なものに関して、地主家と末家・出入の家との双方について、これらの家の間に行われる物心両面のやりとりを見ることが必要であった。私はこの関係を Marcel Mauss の prestation totale に習って『全体的相互給付関係』と名付けてみた」（一九五七「ユイの意味とその変化」『民族学研究』二一—四、V所収）。また、大学院の講義の中では「『日本家族制度と小作制度』は、マルセル・モースの『贈与論』において展開されている全体的相互給付関係について日本の社会を分析したものと見てほしい」とコメントされたと、宇都栄子は講義ノートにもとづいて書いている（一九八八「有賀喜左衛門・岡正雄特集」刊行委員会）。一九七七年には、「モースの prestation totale は日本を説明するのにきわめてすばらしいアイデア」と明確に述べている（北川編二〇〇〇、六七—六八）。

有賀は、地主・小作関係を、主流であった経済学による対立／搾取の関係として見る視点からは自立して、オヤ・コという社会関係として社会構造とかかわらせて分析し、モノグラフを作成しようとした。機能主義的考察は、そのような有賀の洞察力を生かすてだてであった。その中心にマルセル・モースの概念があったのである。

第四節　研究方法——３ データ分析—類型と比較——

本節では、有賀の実証のプロセスについて述べる。類型と比較による分析である。

(1)類型と比較による分析の実例（既述の中から）

まず、類型と比較による分析の実例をたどってみよう。第二章（五八―五九頁）において小作形態の分析を述べている。第三章（九一―九五頁）では家族構成の分析を述べている。ここでは、小作形態の分析をとりあげる。『農村社会の研究―名子の賦役』で展開した、小作慣行に関する分析のプロセスの、最初の研究作業についてである。

作業の前提となった知見　作業の前提となった有賀の知見は、小作類型は二つ、隷属小作と普通小作であった。前者は賦役提供、後者は小作料納付である。

小作形態の比較　有賀は、一五地域の事例を観察した。各地域の小作形態を、賦役提供か小作料納付かについて比較・分析した。「部落の発生とその発展との形態に如何に相応しているか」（有賀一九三八、八二）みたのである。比較・分析してみると、実際の小作形態は賦役提供か小作料納付かに二分されるのではなく、賦役提供と小作料納付が併存している地域が相当数あることが把握された。観察の結果、小作形態には四つのパターンがあった。小作形態として四種のタイプを析出した。

小作形態のタイプ　第一のタイプは賦役提供のみ。第二のタイプは賦役提供と小作料納付が併存する。開発者は大家族形態をとった。第三のタイプは賦役提供と小作料納付が併存するが、開発者は大家族形態はとらなかった。第四のタイプは賦役提供はなし。小作料納付のみ。ちなみに事例の一五地域のうち、第一のタイプを示したのは一例、第二のタイプは二例、第三のタイプは七例、そして第四のタイプは五例であった。[2]

小作類型の抽出　有賀は、四種のタイプを比較・総合し小作類型を抽出した。

隷属小作（隷属小作人）　小作形態第一のタイプに対応

隷属小作と普通小作が併存、（隷属小作人の側面と普通小作人の側面の併存）

小作形態第二のタイプと第三のタイプに対応

普通小作（普通小作人）　小作形態第四のタイプに対応

小作慣行の分析　有賀は次の研究作業に進み、小作類型ごとに地主と小作の社会関係を分析・考察した。「隷属小作人の側面と普通小作人の側面の併存」はどのような地主と小作の社会関係により成り立っているのか、その実態を比較・分析・考察したのである。そして、「普通小作における地主と小作の給付関係（小作料納付）の基底には、隷属小作における地主と小作の給付関係（賦役提供）と同質な同族的身分関係が持続している」（本書六五頁）という分析を展開した。

⑵類型設定と比較の基礎的方法

一九三三年刊の「名子の賦役―小作料の原義」において、すでに、賦役か小作料かという小作形態の比較が論述の基盤にあった(第二章四五頁)(Ⅷ、二二一)。類型・比較は、戦前の諸研究においてすでに土台になっているのである。しかし、この方法論をまとめた論文が発表されたのは戦後である。それが、前出(本章第一節⑵―c)の「社会関係の基礎構造と類型の意味」(一九四七年刊)である。この論文について、有賀は次のように述べている。「…戦後私が社会学界に身を投じたおりに書かれたもので、著しく社会学的外貌をまとっていたが、この論旨はそれ以前からすでに何らかの形で持っていたものである。」ここでは、この論文に沿って、類型設定と比較という有賀の基礎的方法論を述べよう。

類型設定について、「…一つの民族文化圏の内部における同種類の社会関係を同時代について分類し、類型設定を行うことがまず基本的操作であるということになる」(Ⅷ、四五三)とする。これは、具体的な分類作業における三つの限定として示される、類型設定の条件である。「…この三つの限定は結びついて必要なのであって、ばらばらにはなれては精密な類型を成立させることができない」(Ⅷ、四五三)。

限定の第一は、同種類の社会関係に限ること
限定の第二は、それらの社会関係は同時代に存在しなければならない
限定の第三は、それらの社会関係は同一の民族文化圏に属していなければならない

有賀の方法論の特色は、歴史研究との関連において現れる。類型は歴史的概念ではないとし、類型と発展段階とを混同してはならないと述べている点である。「…一民族の歴史の中では類型を立てても、諸類型の相互関係の形態について歴史的個性を与えることはできるから、類型はこの意味で歴史研究に十分役立つことはできるが、個々の諸類型をそのまま発展段階に並べることはできない。なぜなら、個々の類型（類概念）は原則的には歴史的概念ではないからである」（Ⅷ、四五九―四六〇）。「原則的に歴史的概念ではない」ことは右記の、類型設定の条件（三つの限定）に対応することが分かる。

となると、類型設定をして比較する作業は、ある類型から他の類型への変化ないしは変動を想定する仮説（いわゆる理論）検証の作業とは異なるということになる。類型・比較により仮説を検証するのではなく、類型・比較により「事実をみる」というのが有賀の立った地点である。

有賀は、類型に関して相互転換の可能性を持っているとする。すなわち、

「…類型は相互転換の可能性を持つ。この類型そのものは相互転換できるのではないが、相互転換の契機を孕むということができる」（Ⅷ、四五三―四五四）とし、「…類型はそのものとしては静的概念であるが、社会関係（人間・文化）におけるる類型はそのうちに動的契機を含むものとみなければならない。このことが各類型は相互転換の可能性を持つという説明の中に示されていたのである」（Ⅷ、四五四）と説明する。

具体例を、本書第二章の六四頁～六五頁にみよう。ここで述べられているのは、隷属小作と普通小作の併存という類型に属し、隷属小作人と普通小作人の二つの貌を持っていた子方百姓が、農業経営の発展や、非農業部門での就労により、労働組織は小さくとも家計を維持する目途が立った場合に、親方からの独立が可能になる。可能になったとき、隷属小作の貌は消え、普通小作になる。異なる類型の属するようになるのである。このような異動の可能性を、有賀は「類型の相互転換」と位置付けている。異動があったのであり、小作類型の変化ではないのである。

⑶事例選定の重要性

有賀の実証のプロセスは　どの段階も厳密に行われ重要である。なかでも、とりわけ、重要なのは、事例の発掘、事例の選定である。どの事例をとりあげるかにより類型設定が決まる。その類型設定により、それ以降の実証の展開の仕方が左右される。どのように事例を選定するのか。どの事例を選定するか。これらの過程においては、研究者の洞察力が大きな働きをする。

有賀の小作形態の類型設定作業の基本資料となった一五の事例は、本書七六（注10）頁で述べたように、自身の現地調査、アチックミューゼアムの同僚の資料提供、地域の郷土史家の業績、そして、既存の文献資料から得られている。この一五の事例のうち一二事例は、第三章第三節で紹介したサナブリの比較研究においても、基本資料となっている。有賀の研究の基礎となる重要な資料である。これら一五の事例は、まえもって提示されていたのではない。多数の事例がある中から、有賀は選定したのである。この選定を可能にしたのは、それまでの有賀の研究の蓄積と生活への洞察力であった。

一五事例の中に、斎藤家に焦点をあてて石神が含まれていることは、この点を如実に物語っている。アチックミューゼアムの調査において有賀は石神の担当になった。その時点では、斎藤家は、実際は、大家族解体の直前であった。有賀は、その斎藤家を単なる解体寸前の大家族として叙述したのではない。小作形態の分析の核となり得ると考えて、精細な報告書（民俗学と社会人類学の調査報告の手法にのっとり）を作成した。小作形態の類型設定と比較・分析を行う際の、いわば軸となる事例として、選定しているのである。解体寸前の大家族を観察しながら、「大家族乃至同族団体」

（本書四七―五七頁）を考察したのは、有賀の洞察力のなせる業である。有賀の実証は、有賀の洞察力を前提としていたのである。

注

1 北川隆吉編『有賀喜左衛門研究―社会学の思想・理論・方法』（東信堂二〇〇〇）所収の「第Ⅰ部 有賀喜左衛門先生最後の講話」の中の発言（一一頁）。この「講話」は、一九七七年に法政大学大学院北川ゼミを中心に三時間にわたって行われた講義と討論の記録である。北川と有賀のあいだには、方法論に関するかぎりつながりはみられない。しかし、「彼は有賀と非常に近しい関係にあり、また心情的に互いに共感するところがあった…」と間宏は指摘している（柿崎京一・黒崎八洲次良・間宏編一九八八、一六六）。

2 小作形態の第二のタイプと第三のタイプをわける基準として大家族形態かどうかが設定されている。有賀の家族概念と家族類型については、第三章の既述箇所を参照していただきたい（九一頁～九三頁）。

引用・参考文献

有賀喜左衛門著作集一覧（未来社刊）

Ⅰ（一九六六年）『有賀喜左衛門著作集Ⅰ　日本家族制度と小作制度（上）』
Ⅱ（一九六六年）『有賀喜左衛門著作集Ⅱ　日本家族制度と小作制度（下）』
Ⅲ（一九六七年）『有賀喜左衛門著作集Ⅲ　大家族制度と名子制度―南部二戸郡石神村における―』
Ⅳ（一九六七年）『有賀喜左衛門著作集Ⅳ　封建遺制と近代化』
Ⅴ（一九六八年）『有賀喜左衛門著作集Ⅴ　村の生活組織』
Ⅵ（一九六八年）『有賀喜左衛門著作集Ⅵ　婚姻・労働・若者』
Ⅶ（一九六九年）『有賀喜左衛門著作集Ⅶ　社会史の諸問題』
Ⅷ（一九六九年）『有賀喜左衛門著作集Ⅷ　民俗学・社会学方法論』
Ⅸ（一九七〇年）『有賀喜左衛門著作集Ⅸ　家と親分子分』
Ⅹ（一九七一年）『有賀喜左衛門著作集Ⅹ　同族と村落』
Ⅺ（一九七一年）『有賀喜左衛門著作集Ⅺ　家の歴史・その他』
Ⅻ（二〇〇一年）『有賀喜左衛門著作集Ⅻ　文明・文化・文学』（第二版として追加）
別巻（二〇一二年）『有賀喜左衛門著作集別巻　有賀喜左衛門研究』（第二版として追加）

朝日村史編纂会編（一九六八）『朝日村史』
有賀喜左衛門（一九三八）『農村社会の研究―名子の賦役―』河出書房
有賀喜左衛門（一九四三）『日本家族制度と小作制度―「農村社会の研究」改訂版―』河出書房
有賀喜左衛門（一九四八）『日本婚姻史論』日光書院
有賀喜左衛門（一九四八）『村落生活―村の生活組織―』国立書院
有賀喜左衛門・仲康（一九六二）「マキと祝神講」『慶應義塾大学大学院社会学研究科紀要・社会心理学教育学』No.1
有賀喜左衛門（一九六五）『日本の家族』至文堂
有賀喜左衛門（一九七三）「家と奉公人」喜多野清一博士古稀記念論文集編集委員会編『村落構造と親族組織』未来社
有賀喜左衛門（一九七六）『一つの日本文化論』未来社
有賀喜左衛門（著）・中野卓（編）（一九八〇）『文明・文化・文学』御茶の水書房
「有賀喜左衛門・岡正雄特集」刊行委員会（一九八八）『信州白樺』第六七号、銀河書房
岩本由輝（二〇〇〇）「有賀喜左衛門と柳田国男」北川隆吉編『有賀喜左衛門研究　社会学の思想・理論・方法』東信堂
大淵英雄（一九六五）「村落生活と消防組―長野県諏訪市湖南区南真志野―」『哲学』四七　三田哲学会
柿崎京一・黒崎八洲次良・間宏編（一九八八）『有賀喜左衛門研究―人間・思想・学問―』御茶の水書房
川合隆男（二〇〇三）『戸田貞三―家族研究・実証社会学の軌跡―』東信堂

北川隆吉編（二〇〇〇）『有賀喜左衞門研究―社会学の思想・理論・方法―』東信堂
喜多野清一・岡田　謙編（一九五九）『家：その構造分析』創文社
喜多野清一（一九六五）「日本の家と家族」『大阪大学文学部紀要』第XI巻
黒崎八洲次良（一九八六）「ある成熟―青年有賀喜左衞門の場合―」『人文科学論集』
渋沢敬三伝記編纂刊行会（一九七九）『渋沢敬三　上』渋沢敬三伝記編纂刊行会
高橋明善（二〇一八）「村研アーカイヴスー調査と方法　有賀喜左衞門（述）・高橋明善（筆記）『家族制度と日本社会（一九五四年東大講義録）』（一）」『村落社会研究ジャーナル』四九　日本村落研究学会
――（二〇一九）同（二）『村落社会研究ジャーナル』五〇　日本村落研究学会
竹内利美（一九八八）「初期研究の発足点―郷土調査要目・民俗」柿崎京一・黒崎八洲次良・間宏編『有賀喜左衞門研究―人間・思想・学問』御茶の水書房
帝国農会『農事統計』日本統計協会（一九八八）『日本長期統計総覧　第二巻』所収
鳥越晧之（一九八八）「実践の学としての有賀理論―国学・民俗学から社会学への流れ―」柿崎京一・黒崎八洲次良・間宏編『有賀喜左衞門研究―人間・思想・学問』御茶の水書房
中野　卓（一九六四）『商家同族団の研究』未来社
――（一九八一）「個人の社会学的調査研究について」『社会学評論』第三二巻第一号
中村吉治（一九八八）『老閑堂追憶記』刀水書房
間　宏（一九六四）『日本労務管理史研究―経営家族主義の形成と展開―』ダイヤモンド社
平野敏政（一九八一）「有賀喜左衞門の家理論」『家族史研究３』大月書店

――――（二〇〇〇）「生活組織と全体的相互給付関係―有賀『家』理論の基礎概念―」『三田社会学』三田社会学会5
古川　彰（一九八四）「家・同族をめぐる有賀・喜多野理論のパースペクティブ」『ソシオロジ』第二九巻第二号　社会学研究会
松島静雄・中野　卓（一九五八）『日本社会要論』東京大学出版会
三須田善暢他（二〇一六）「石神大家斎藤家所蔵有賀喜左衛門関係書簡類」『岩手県立大学盛岡短期大学部研究論集』第一八号
武笠俊一（一九七九）「有賀社会学の成立と展開」『社会学評論』二九巻四号
――――（一九八二）「系譜関係と親方子方関係―有賀・喜多野論争の再把握」『社会学評論』三三巻四号
――――（一九八六）「有賀喜左衛門の『白樺』派時代」『社会学評論』三七巻三号
――――（二〇〇四）「実証研究における理論的飛躍について―有賀喜左衛門『農村社会の研究』改訂の意義―」『村落社会研究』第一一巻第一号
毛利健三（一九七一）「ファシズム下における日本資本主義論争」長幸男・住谷一彦編『近代日本経済思想史Ⅱ：近代日本思想史体系第六巻』有斐閣
森　武麿（二〇〇六）「日本近代農民運動と農村中堅人物」『一橋経済学』1（一）
森岡清美（一九六二）『真宗教団と「家」制度』創文社
――――（二〇〇二）「忘れえぬ日本社会学の先人たち―有賀喜左衛門、小山隆、福武直―」『淑徳大学大学院研究紀要』第九号

山岸　健（一九六二）「隣組・旧組・隣家」『慶應義塾大学社会学研究科紀要・社会心理学教育学』No.1
米地　實（一九七七）『村落祭祀と国家統制』御茶の水書房
――（一九八六）「有賀社会学の系譜と現状」『社会学史研究』第八号
――（二〇〇四）『村に行き、村の外から村を見た―長期綜合調査―』有斐閣
Mauss, Marcel (1925) *Essai sur le don, forme et raison de l'échange dans les sociétés archaïques* Année sociologique, nouvelle serie, Tome1 (1923-24)　森山　工訳（二〇一四）『贈与論―アルカイックな社会における交換の形態と理由―他二篇』岩波書店

有賀喜左衛門業績一覧（著作、社会的な活動）

※主要文献・活動　文献に続く［　］内にはその後掲載された文献ないしは、所収著作集の巻号をローマ数字で示している。

一九一九（大正　八）年	詩「生きようではないか」（『地上』創刊号）［↓Ⅻ］
一九二三（大正一二）年	戯曲「吹雪」（『創作』二―四）［↓Ⅻ］
一九二五（大正一四）年	『民族』（柳田国男主宰の雑誌）の編集に携わり始める この頃から、イギリス社会人類学、フランス社会学の文献にふれ、吸収する
一九二九（昭和　四）年	『民族』廃刊 『民俗学』発刊 「民俗学の本願」（『民俗学』一―三）［↓Ⅷ］
一九三〇（昭和　五）年	「注文書」（『民俗学』二―三）［↓Ⅺ］ 「早川君の『花祭り』を読んで」（『旅と伝説』第三巻九号） ［↓『村落生活―村の生活組織―』↓Ⅴ］
一九三三（昭和　八）年	「捨子の話」（『法律新聞』）［↓Ⅷ］

一九三四(昭和　九)年	「名子の賦役—小作料の原義—(上)」(『社会経済史学』)[↓Ⅷ] 「名子の賦役—小作料の原義—(下)」(『社会経済史学』)[↓Ⅷ]
一九三五(昭和一〇)年	「不幸音信帳から見た村の生活」(『歴史学研究』第二巻第四号)[↓『村落生活—村の生活組織—』↓Ⅵ] 石神現地調査(アチックミューゼアム共同調査) 「若者仲間と婚姻—村の生活組織に関連して」(『社会経済史学』)[↓『日本婚姻史論』↓Ⅵ]
一九三六(昭和一一)年	「予祝行事」(『民族学研究』第一巻)[↓『村落生活—村の生活組織—』↓Ⅴ] 石神現地調査 「結納と労働組織」(『社会経済史学』)[↓『日本婚姻史論』↓Ⅵ]
一九三八(昭和一三)年	『農村社会の研究—名子の賦役—』河出書房 「さなぶり」(『民族学研究』第四巻)[↓『村落生活—村の生活組織—』↓Ⅴ]
一九三九(昭和一四)年	『南部二戸郡石神村に於ける大家族制度と名子制度』(アチックミューゼアム彙報四三)[↓Ⅲ]
一九四三(昭和一八)年	『日本家族制度と小作制度—「農村社会の研究」改訂版—』河出書房　[↓Ⅰ、Ⅱ]
一九四七(昭和二二)年	「社会関係の基礎構造と類型の意味」(『社会学研究』第一巻第一輯)[↓Ⅷ]

一九四八（昭和二三）年	「農業の発達と家制度」（『地上』一二月号）［↓Ⅸ］ 『日本婚姻史論』日光書院［↓Ⅵ］
一九五〇（昭和二五）年	『村落生活—村の生活組織—』国立書院［↓Ⅴ］ 八学会（九学会）連合対馬総合調査参加　〜一九五一（昭和二六）年
一九五〇（昭和二五）年	日本人文学会による「社会的緊張」の共同調査　地域社会班班長〜一九五二（昭和二七）年
一九五〇（昭和二五）年	「日本社会の階層構造—日本の社会構造における階層制の問題—」（『民族学研究』一四—四）［↓Ⅳ］
一九五一（昭和二六）年	「選挙の実態」（『社会学評論』一—五）［↓Ⅹ］
一九五二（昭和二七）年	第一回社会的成層及び社会移動の研究（ＳＳＭ）に参加〜一九五四（昭和二九）年
一九五二（昭和二七）年	豊科町誌調査　〜一九五五（昭和三〇）年
一九五三（昭和二八）年	村落社会研究会第一回大会
一九五五（昭和三〇）年	「義理と人情—公と私—」（『現代道徳講座』第三巻　河出書房）［↓Ⅳ］ 「家制度と社会福祉」（『社会事業』三八—九）［↓Ⅸ］
一九五六（昭和三一）年	「村落共同体と家」（村落社会研究会年報（三）『村落共同体の構造分析』時潮社）［↓Ⅹ］ 国際社会学会連合（ＩＳＡ）第三回世界会議に参加

一九五七（昭和三二）年	「ユイの意味とその変化」（『民族学研究』二一―四）〔↓Ⅴ〕 石神現地調査
一九五八（昭和三三）年	「村落の概念について」（『哲学』三五　三田哲学会）〔↓Ⅹ〕
一九六〇（昭和三五）年	諏訪・南真志野調査　〜一九六五（昭和四〇）年
一九六〇（昭和三五）年	「家族と家」（『哲学』三八　三田哲学会）〔↓Ⅸ〕
一九六五（昭和四〇）年	『日本の家族』日本歴史新書　至文堂〔↓Ⅺ、Ⅶ〕
一九六六（昭和四一）年	石神現地調査
一九六八（昭和四三）年	「家族理論の家への適用―喜多野清一氏の『日本の家と家族』を読んで―」（『社会学評論』一九―二）〔↓Ⅸ〕
一九七三（昭和四八）年	「家と奉公人」（喜多野清一博士古稀記念論文集『村落構造と親族組織』未来社）〔↓Ⅻ〕
一九七六（昭和五一）年	『一つの日本文化論―柳田國男に関連して―』（未来社）〔↓Ⅻ〕
一九七七（昭和五二）年	「民族文化圏について」（東京教育大学文学部社会学研究室『現代社会の実証的研究』）〔↓『文明・文化・文学』↓Ⅻ〕
一九八〇（昭和五五）年	「外国文明と日本文化―新しい文明論―」（『明治学院大学社会学部五〇周年記念学術論文集』）　〔↓『文明・文化・文学』↓Ⅻ〕

有賀喜左衞門年表（社会の動き、本人の年譜）

一八九七（明治三〇）年	長野県上伊那郡朝日村（現辰野町）平出に生まれる 幼名道夫
一九〇六（明治三九）年	中央線開通　宿場でもあった平出はさびれはじめる
一九〇六（明治三九）年	父逝去　道夫は有賀喜左衞門（七世）を名乗る
一九〇九（明治四二）年	県立諏訪中学入学
一九一二（明治四五）年	明治天皇崩御
一九一五（大正　四）年	第二高等学校入学（独法科）　同学年に渋沢敬三、土屋喬雄
一九一八（大正　七）年	京都帝国大学法学部入学
一九一九（大正　八）年	京都帝国大学退学 東京帝国大学文学部入学 三・一独立運動 柳宗悦「朝鮮人を想ふ」に感銘を受ける
一九二二（大正一一）年	東京帝国大学文学部美術史学科卒業

	大学院入学
	徴兵検査甲種合格入営、即日帰郷
一九二三（大正一二）年	再召集、兵役免除
	関東大震災
一九二四（大正一三）年	結婚（池上さだ）
	柳田国男に会う　岡正雄の案内
一九二五（大正一四）年	渋沢敬三　アチックミューゼアムを創設
一九二六（大正一五）年	大正天皇崩御
一九三二（昭和　七）年	「満洲国」建国
一九三五（昭和一〇）年	石神現地調査
一九三六（昭和一一）年	二・二六事件
一九三七（昭和一二）年	盧溝橋事件
一九三八（昭和一三）年	日本社会学会入会
一九四五（昭和二〇）年	敗戦
一九四六（昭和二一）年	朝日村食糧増産運動
	東京大学非常勤講師に就任

一九四七（昭和二二）年	農地所有再配分事業（農地改革）～一九五一（昭和二六）年
一九四九（昭和二四）年	東京教育大学文学部教授に就任
一九五七（昭和三二）年	東京教育大学定年退官 慶應義塾大学文学部教授に就任
一九五八（昭和三三）年	石神現地調査
一九六一（昭和三六）年	日本社会学会会長に就任
一九六五（昭和四〇）年	慶應義塾大学定年退職 日本女子大学学長に就任
一九六六（昭和四一）年	石神現地調査 『有賀喜左衞門著作集』刊行開始 大学紛争
一九七三（昭和四八）年	日本女子大学学長退任
一九七九（昭和五四）年	逝去

有賀喜左衛門業績一覧と年表の作成にあたり、次の文献を参考にさせていただきました。記して感謝申し上げます。

中野　卓（一九八〇）「有賀喜左衛門　年譜および業績年表」（有賀喜左衛門著　中野卓編『文明・文化・文学』御茶の水書房）

武笠俊一（一九八八）「有賀喜左衛門業績目録」（柿崎京一・黒崎八洲次良・間宏編『有賀喜左衛門研究　人間・思想・学問』御茶の水書房）

今井信雄（一九八八）「有賀喜左衛門　年譜と業績」（「有賀喜左衛門・岡正雄特集」刊行委員会『信州白樺』第六七号　銀河書房）

渥美　剛（二〇〇〇）「主要業績一覧」（北川隆吉編『有賀喜左衛門研究　社会学の思想・理論・方法』東信堂）

中野　卓・宇都栄子・武笠俊一（二〇〇一）「有賀喜左衛門年譜・業績」（『有賀喜左衛門著作集XII』未来社）

あとがき

有賀喜左衛門が、分析・考察にあたって事例としたのは、日本の農村であった。時期的には、だいたい、一九六〇年代（昭和四〇年代前半）までである。一九六〇年代以降、農林（水産）省は農業構造改善事業を推進した。農業・農村の「近代化」を目指す事業であった。この事業を通じて、基盤整備が進み、圃場は改造・合併され、水利組織も改善・合理化された。その結果、農村地域の景観には、大きな変化がもたらされた。今日、私たちが見る日本の農村の景観は、有賀が考察の対象にした事例であった日本の農村の景観とは異なるのである。ふと、考えた。この本に目を通してくださった方々のうち何人くらいの方が、有賀の見ていた一九六〇年代以前の日本の農村の景観を、記憶に持っておられるだろうか。仮に、農業技術や農村景観を記憶できるのは七歳以上とする。統計局の人口推計（平成二九年 二〇一七年）を見ると、一九六五年に七歳以上だった人々は、現在六〇歳以上である。その割合は、三四％。五九歳以下の人々が六六％を占める。この数字は、この本を手にとってくださった方々の中で、有賀が考察の対象にした農村の景観をスムーズには思い描けない方がたぶん多いことを意味する。その点を考えると、写真による例示をするなど、もっと工夫すべきであった。

有賀喜左衛門が、石神・斎藤家に対するとき併せ持つ、するどい事例分析の視点と、一方での斎藤家のオヤとしてのあり方に対するあたたかい共感が、数十年にわたる研究の流れを創ったことがわかる。分析の眼と共感の眼のくみあわせである。あたたかい共感の眼を持ちながら、分析の眼は、オヤとしての斎藤家を記述して実証する。オヤとしてのあり方を、無前提に肯定しているのではない。社会関係を論ずるにあたって、分析の視点をオヤにおいているのである。この点は、有賀の社会学研究の特色である。この特色をどのように評価するかという議論はあり得よう。しかし、彼は視点を明確に示しており、研究の軌跡をたどることができる。この点が、後輩として途をたどる者にとっては重要である。

原稿を完成させるまで、言い訳のしようがないほど、準備と執筆に時間をとってしまった。

私は、一九六五年に東京教育大学大学院で学び始めた。有賀が定年・退官してから八年後であるが、彼が残した研究環境の中でスタートしたといえる。大学院生になって最初に買った有賀の著作は『日本の家族』であった。時は過ぎて、一九九九年に、北川隆吉主宰の「有賀喜左衛門論」研究報告会・総括討論(北川編二〇〇〇)に参加させていただいた。そして、それまで研究環境ととらえていた有賀喜左衛門を、一人の先駆的な研究者としてとらえる、という試みに向かうことになった。これは大きなチャレンジであった。

このチャレンジに向かうことは、多くの方々に支えていただくことで可能になった。資料をお貸しくださった方々、助言をくださった方々、お一人お一人お名前をあげることはしないが、心から感謝申し上げたい。

東信堂下田勝司社長は、適切な指示をくださった。出版を可能にしてくださったご厚意に、感謝の気持ちでいっぱいである。

熊谷苑子

人名・地名索引

【あ行】
池上家　10, 11, 36
池上隆祐　8, 36
石神　13-18, 20, 28, 41, 47, 48, 50, 57-59, 67, 76, 81, 92, 99, 101-105, 107, 142, 149
岩本由輝　140
宇都栄子　143
及川宏　18
大淵英雄　25
岡田謙　23
岡正雄　6, 7, 11-13

【か行】
柿崎京一　24, 25
柄沢行雄　25, 38
川合隆男　25
北川隆吉　150
喜多野清一　89
木下彰　28
黒崎八洲次良　24
今和次郎　16

【さ行】
斎藤家　17, 47-50, 56, 57, 67, 81, 92, 101, 102, 104, 105, 107, 142, 149
斎藤善助　18, 48-50
坂井達朗　25
桜井厚　24
桜田勝徳　16
佐藤源八　18, 48
渋沢敬三　6, 15-17, 48, 131
逗子　10, 20, 22

【た行】
高橋明善　38
竹内利美　141
土屋喬雄　6, 14, 16, 17, 48
デュルケーム　13, 141
戸田貞三　22, 88, 89
豊科町　23
鳥越皓之　24, 140

【な行】
中筋直哉　25
中野卓　23-25, 37
中村吉治　4, 10, 28, 37
仲康　25

【は行】
間宏　23, 24, 150
早川孝太郎　16, 122
平出　4-6, 8, 16, 20, 22, 24, 35-37, 48, 109
平野敏政　25, 142
福武直　26

【ま行】
マリノフスキー　13, 37, 142
三浦直子　25
南真志野　24
武笠俊一　24
モース　13, 14, 37, 38, 84, 141-143
森岡清美　23, 24

【や行】
安田三郎　23
柳宗悦　7, 137
柳田国男　11-13, 114, 136, 139-141
山岸健　25
米地實　24, 25, 75

【ら行】
ラドクリフ＝ブラウン　13, 142

政治的経済的条件　86
先祖　81, 98-101
全体的相互給付関係　14, 25, 38, 54, 81, 83, 84, 108, 141-143
相互転換の可能性（類型の）　147
葬式組　109
贈与論（モース）　13, 38, 141, 142
村落社会研究会　27, 28, 36

【た行】
大家族　16, 40, 41, 47, 48, 50, 56, 58-61, 63, 64, 66, 67, 69, 70, 73, 74, 77, 102, 103, 145, 149, 150
嫡系成員　92-94
忠　125, 126, 128
通婚圏　115, 116
「手じめの酒」　117
天皇　71, 72, 74, 99, 129
東京教育大学　21-24, 27, 36
同族結合の階層的上向　71
同族団　18, 94, 98, 119, 120, 130
同族団体　40, 41, 47, 66-71, 74, 149
同族的身分（関係）　40, 41, 57, 64, 65, 145
道徳規定　40, 41, 69, 71, 75

【な行】
名子　16, 45-57, 60, 61, 67, 68, 73 76, 100, 103, 104, 106, 107, 131
名子制度　16-18, 45, 48, 106
日本資本主義論争　43, 138
日本社会学会　26-28, 36, 75
日本女子大学　29, 31-34, 36
寝宿　115
農村家族　95
農地改革　17, 19-21, 86, 102-106

【は行】
花祭　122, 123
比較　11, 22, 43, 45, 56, 58, 63, 64, 91-93, 95, 105, 110, 128, 135, 137, 139, 143-147
賦役（家内賦役）　14, 41, 44-47, 52, 53, 57-68, 70, 75, 84, 144-146
普通小作（人）　58-62, 64, 65, 144, 145, 148
傍系成員　92-94
奉公人分家　51, 59, 61

【ま行】
身分関係　40, 41, 61, 65, 68-70, 94, 145
『民族』　12
『民俗学』　12, 13, 136
民族的性格　66, 68-70, 74, 75, 83
民族文化圏　146, 147
聟入婚　113, 114, 116, 117
モノグラフ　13, 14, 18, 25, 143

【や行】
結納　117
よばい　113-115
嫁入婚　116, 117

【ら行】
類型設定　22, 146-149
隷属小作（人）　58-61, 64, 65, 144, 145, 148

【わ行】
若者仲間　115, 116

事項索引

【あ行】

アチックミューゼアム 15, 17, 18, 37, 38, 41, 48, 50, 76, 149
家 20, 21, 28, 35, 36, 55, 69, 71, 80, 81, 83, 90, 102, 107-109, 111-115, 124-128, 130, 131, 142
家（奈良時代） 96
家（戦国時代） 95, 97
家（家は変化する） 81, 88, 91, 96, 97, 101, 102
逸脱 119
氏神 24, 25, 99, 100, 115, 119, 121-123, 130
公（上位依存、上位優先） 83, 84, 123, 125-129, 131
オヤ・コ関係 47, 61, 69, 70, 75, 84, 107, 134, 141

【か行】

学長（日本女子大学） 29
過小農的地盤 85, 86
家族 14, 18, 28, 29, 48, 50, 58, 59, 66, 68, 74, 77, 80, 81, 86-91, 95, 103-105, 113, 125, 143, 149
家長 70, 71, 87, 88, 94, 125
刈分け 46, 62, 64
刈分け小作 51, 62, 64, 77
機能主義的考察 143
「厳しい生活条件」 45, 67, 68, 86
給付関係 49, 52-54, 56, 57, 62, 64, 65, 141, 145
給付行為 52, 57
共同（協同）研究 16, 18, 24, 26, 27
局限的状態 93
義理 123-126, 128, 129
慶應義塾大学 24, 25, 29, 36
系譜的先祖 99, 100
血族的分居大家族制 60
血族分家 50, 59, 60
血統 87, 89, 99, 100
検見小作 62, 64, 68, 70
孝 125, 126, 128
香奠 55, 81, 109-112, 124
国際社会学会（ISA） 28, 87, 88
小作形態 43-46, 57-59, 144-146, 149, 150
小作制度 41, 57, 58, 63, 66-68, 74
「小作人の労役」 63
小作料 14, 41-47, 52, 57-59, 61, 63-65, 67, 68, 75, 77, 144-146
小作類型 144, 145, 148
婚姻の統制 115, 116

【さ行】

祭祀組織 82, 118, 123, 130
サナブリ 82, 118-124, 149
地主小作関係 42-45, 47, 48, 52
集合意識 111, 124
守護神信仰 130
主従関係 60, 83, 125-129
上下関係 49, 52, 56, 57, 82, 83
定免小作 62-64, 68, 70
事例（ユニークな事例） 16, 18, 47, 49, 58, 62, 63, 67, 76, 77, 91-93, 97, 99, 102, 108, 109, 113, 118-121, 139, 144, 148, 149
水稲耕作 117, 118
生活（労働） 89, 90
生活維持 20, 54, 80, 81, 108, 117
生活規範 82-84, 123-125, 128
生活組織 22, 25, 48, 61, 80-82, 112, 117, 118, 123, 124, 130
生活単位 67, 68, 80, 81, 83, 90, 108, 112
生活保障 54, 83, 86, 87, 90, 93, 95, 108

著 者
熊谷苑子（くまがい そのこ）

1942年 東京生まれ
1965年 国際基督教大学卒業
1967年 ボストン大学大学院修士課程修了
1973年 東京教育大学大学院文学研究科博士課程単位取得満期退学
2012年 淑徳大学総合福祉学部退職
博士（農学）
研究分野 農村社会学、家族社会学

著書・論文
『現代日本農村社会の変動』（共著）（御茶の水書房、1986）
「家族農業経営における女性労働の役割評価とその意義」『年報村落社会研究31』（農文協、1995）
『現代日本農村家族の生活時間』（学文社、1998）
『離土離郷―中国沿海部農村の出稼ぎ女性―』（共編著）（南窓社、2002）
「二十一世紀村落研究の視点」『年報村落社会研究39』（農文協、2004）
「水田稲作における家族労働―生活時間データによる把握―」『村落社会研究ジャーナル34』（2011）

有賀喜左衛門――社会関係における日本的性格

2021年12月25日 初 版第1刷発行 〔検印省略〕

＊本体価格はカバーに表示してあります。

著者©熊谷苑子 ／発行者 下田勝司 印刷・製本／中央精版印刷

東京都文京区向丘1-20-6 郵便振替00110-6-37828
〒113-0023 TEL（03）3818-5521 FAX（03）3818-5514
発行所 株式会社 東信堂

published by TOSHINDO PUBLISHING CO., LTD.
1-20-6, Mukougaoka, Bunkyo-ku, Tokyo, 113-0023, Japan
E-mail: tk203444@fsinet.or.jp URL: http://www.toshindo-pub.com/

ISBN978-4-7989-1708-5 C3036

東信堂

有賀喜左衛門
—社会関係における日本的性格
熊谷苑子　二三〇〇円

自然村再考
高橋明善　六四〇〇円

地域自治の比較社会学—日本とドイツ
山崎仁朗　五四〇〇円

日本コミュニティ政策の検証
—自治体内分権と地域自治へ向けて
山崎仁朗編著　四六〇〇円

原発災害と地元コミュニティ
—福島県川内村奮闘記
鳥越皓之編著　三六〇〇円

自治体行政と地域コミュニティの関係性の変容と再構築
—「平成大合併」は地域に何をもたらしたか
役重眞喜子　四二〇〇円

さまよえる大都市・大阪
—「都心回帰」とコミュニティ
鯵坂学・徳田剛・西村雄郎・丸山真央 編著　三八〇〇円

地域のガバナンスと自治
—平等参加・伝統主義をめぐる宝塚市民活動の葛藤
田中義岳　三四〇〇円

現代日本の地域分化
—センサス等の市町村別集計に見る地域変動のダイナミックス
蓮見音彦　三八〇〇円

現代日本の地域格差
—二〇一〇年・全国の市町村の経済的・社会的ちらばり
蓮見音彦　二三〇〇円

社会制御過程の社会学
舩橋晴俊　九六〇〇円

組織の存立構造論と両義性論
—社会学理論の重層的探究
舩橋晴俊　二五〇〇円

「むつ小川原開発・核燃料サイクル施設問題」研究資料集
舩橋晴俊・金山行孝・茅野恒秀 編著　一八〇〇〇円

新版 新潟水俣病問題—加害と被害の社会学
飯島伸子・舩橋晴俊 編　三八〇〇円

環境問題の社会学—環境制御システムの理論と応用
茅野恒秀・湯浅陽一 編著　三六〇〇円

新潟水俣病問題の受容と克服
堀田恭子　四八〇〇円

新潟水俣病をめぐる制度・表象・地域
関礼子　五六〇〇円

被災と避難の社会学
関礼子編著　二三〇〇円

多層性とダイナミズム—沖縄・石垣島の社会学
関礼子・高木恒一 編著　二四〇〇円

公害・環境問題の放置構造と解決過程
藤川賢・渡辺伸一・堀畑まなみ 著　三八〇〇円

公害被害放置の社会学
—イタイイタイ病・カドミウム問題の歴史と現在
飯島伸子・渡辺伸一・藤川賢 著　三六〇〇円

食品公害と被害者救済
—カネミ油症事件の被害と政策過程
宇田和子　四六〇〇円

〒113-0023　東京都文京区向丘 1-20-6　TEL 03-3818-5521　FAX03-3818-5514　振替 00110-6-37828
Email tk203444@fsinet.or.jp　URL:http://www.toshindo-pub.com/

※定価：表示価格（本体）＋税